POESÍA

234

MISIÓN CIRCULAR

Antología

Rosabetty Muñoz

Selección y edición de Vicente Undurraga

LUMEN

Penguin
Random House
Grupo Editorial

Primera edición: abril de 2025

© 2020, Rosabetty Muñoz
Selección y edición de Vicente Undurraga
© 2020, Penguin Random House Grupo Editorial, S. A.
Merced 280, piso 6, Santiago de Chile
© 2025, Penguin Random House Grupo Editorial, S. A. U.
Travessera de Gràcia, 47-49. 08021 Barcelona

Printed in Spain – Impreso en España

ISBN: 978-84-264-0809-9
Depósito legal: B-6.215-2025

Impreso en Arcángel Maggio Europa, Sant Esteve Sesrovires (Barcelona)

H408099

PRÓLOGO

PRÓLOGO

A RIMBAUD

Para volver a vernos mañana, como siempre.

(Inscripción en Nicho 31,
Cementerio de Valdivia)

Si supieras, Rimbaud
cómo está la vida en estos días
volverías a irte
y con los nuevos adelantos,
le darías unas cuantas vueltas
a nuestro pobre mundo.
Porque es verdad que todo es difícil.
Es verdad que solemos pasear nuestra precariedad
en los colectivos
gritando por la salvación del alma.
Es verdad que nuestros cementerios crecen
los llenamos de flores
y mandamos a escribir las esperanzas en cemento.
Y es verdad, también,
que necesitamos fuerzas como la tuya
para tomar por asalto la poesía.

Sí, seguimos sufriendo por las mismas cosas.
Pero tú elegiste meterte de cabeza en el engranaje
declarando inalcanzable la maravilla
y nosotros solo desearíamos
que hayas estado equivocado
o que algún resabio de perversidad
te haya hecho callar otra verdad definitiva.
Porque, Rimbaud,
el hombre no puede ser tan poca cosa.

1978

I
ANTOLOGÍA
(2019-1981)

DE *LIGIA*

2019

Otra vez la cordillera te hace llorar.
Simplemente buscabas los fósforos
pero se desató el aguacero
que arrastró con tal pedrería:
        la vidriera navideña
        la noticia de la muerte de un vecino
        otro amigo desaparecido.

Lloras frente a la ventana
donde se asoma una ciudad ajena.
El torrente cae a las canaletas
a los bordes de las calles
corre hacia un mar
que no es el tuyo.

El primero fue mi abuelo.
Hay una caravana de abuelos
enterrados en la pampa argentina
(solo uno tiene en los bolsillos
la foto doblada de su hija
en vestido de Primera Comunión).

Las cruces se han borrado por efecto del viento.

Aunque partieron su amor en dos y se fueron
aunque las rebanadas se llenaron de moho,
                            ellos fueron los primeros.

En cada familia hay un hueco en la fotografía
una silla detrás de la puerta
los nudillos blancos de tanto apretar.

Hay un país remoto en el fondo de todos los días.
Siempre es el mismo
(aunque sabemos que ya no existe).

Estrecho callejón sobrevolado por tordos
árboles y árboles poblados de plumaje oscuro
tal vez también un río,
más bien pozones, antes de la sequía total.

Erosión del significado.
Este cuerpo no sabía que dejaba atrás
                el mundo propio.

En el centro del país amado
    hay un volantín.
Mientras habla
      se abren cierran alas
         de chonchonas

Los volantines eran lo más recordado
dice Ligia
volví en septiembre y los vi elevados.
Son los sueños de los chilenos.

Pero ella olvida el hilo curado.

Se hace patria cortando los hilos
echando abajo los volantines de colores.

Hostilidad de las altas rejas
alambres de púas portones alarmas
                    veloces carreteras.
Se vuelve al país
y lo encuentras abierto a todo lo largo
un tajo palpitante.
Casas de espaldas a las plazas
de ancas enormes agazapadas
                    en patios escondidos.
Excesiva realidad de las calles.

La tendencia de la memoria
es comprimir los sucesos.
Pero
        los momentos guardan *su sonido y su furia*.

Se encharcó la vida cotidiana
el espectáculo triste del sitio eriazo
se vive el escarnio del saqueo.

Las caderas de Ligia
sus acantilados sus riquezas marítimas
se ampliaron allá lejos
(reservas minerales, aguas limpias)

No volvió para llorar entre las ruinas.

El país se llenó de gente sensata.
Rejas vidrios botellas quebradas sobre los cercos
duras exigencias de pago.
Hablan de nosotros,
de quiénes éramos.
Les ha parecido bueno sacarnos del futuro.

Lloro también porque soy una interrogación
una duda
porque mi hueserío
ha perdido columna y médula.

Un tren recorre el país de Ligia
huellas del progreso, materias primas circulando
madera/ presidentes/ turismo a rincones remotos.

Pero el ferrocarril se perdió también.

Las estaciones son casas abandonadas
    rieles oxidados
faltan durmientes
vagones varados en los márgenes

Las locomotoras ya no saben a dónde van.

Su cabeza está llena de palabras.
No escogió,
pero se fue con la música a otra parte.
Ahora canta el gallo
algo se anuncia
(soñaba con un libro
            y una cuna
piezas vacías
puertas cerrándose de golpe).

Olvidé el nombre de mis amigas.
Olvidé por qué se cerraban todas esas puertas.

Este mapa resiste,
sin embargo.

Entre los que afanaron el retorno,
la que se negó a aprender otra lengua
pasó décadas murmurando
          que los trabajos voluntarios
          que solidarizar
          que armar comunidad
había que creer profundamente en algo.

La decisión de quedarse
las palabras que morían todos los días
                    en su boca.

Sin la cordillera, me perdí.
Urgencia y estallido
vulnerable en la ciudad ajena
    fui poniendo mis señas.
El cuerpo primero
    en las repisas, objetos sagrados
        de la memoria.

Pero mi cuerpo siempre
porque también era la casa del miedo.
Y en otro tiempo habitó allí el rencor
            la decepción.
Queda la rémora
        esa pátina oscura.

El nuevo país
copia feliz del original
es más hondo
de gruesas fronteras.
     Ha sido lavado, llorado
corren ríos rojos subterráneos.

Demasiados cadáveres
          se han fundido en el suelo patrio.

Un líquido espanto
busca cauces
          cráteres orificios de salida.

(no se podía hablar de ellos
sus nombres prohibidos)

Detrás de la cordillera
hay un país que cultivó el rencor.

(huele desde lejos a líquidos percolados)

El castigo de irse
El castigo de quedarse
El castigo de estar vivos

El país cambió tanto sin ti.

El susurro se interna
en los pabellones delicados del oído:
                teníamos desapego por el éxito personal
                por el dinero.
Pero no queremos una vejez arrinconados
sin parte
en todo lo que es bello.

Solo un momento se ha roto
la armonía total del mundo.

El nuevo territorio está abierto, dice Ligia.

Lo transitorio preside todo.
Hay que –otra vez– subir la cordillera
mirar los valles
cruzar playas puentes
preguntarse
¿somos los que perdieron?

Despreciar esa retórica
descabezar sus palabras
y exhibirlas ensartadas
para escarmientos futuros.

Este es el país que se construyó
para esto les sacaron las uñas a los amigos
y tiraron al mar cuerpos amados
                    atados a rieles
trozos de concreto
para este nuevo Chile amordazaron
        fracturaron huesos
        rompieron tímpanos
        saltaron las cerraduras de las piezas donde dormían los niños.

Borrar a uno del mapa
No estar en el mapa
Caerse del mapa
«Esto es un error» piensa Ligia
sumida en un rencor difuso
contra el país extraño
        donde ahora duerme
              cocina
        espera
un error repite mientras da vuelta la caja de fósforos.
No me puedo ir,
              mi cuerpo es el mapa.

La luz del sol atraviesa
las copas de los manzanos
y se fija en una alfombra de frutas caídas.
Fragancia de la madurez,
de proceso terminado.

Todo lo que faltó a nuestros sueños.

Hay silencios espesos
(uno sabe que están llenos de palabras
como lo que ha hervido
horas y horas
a fuego lento).

Sabían cómo herirnos
cuál el peso total de las palabras
o de la mudez.

Mientras nos daban
con un palo y duro
      hay palabras que se quedaron
      estancadas en mi voz
que ya
no volverán a decirse.

El tren palpitó mucho tiempo
      como el muñón que perdió sus dedos.

Un tren con vagones
ahora descarrilados
      (como cajas de fósforos
con la cordillera dibujada a lo largo).

Aprendo palabras nuevas
en las palabras nuevas ya no vive
        el miedo.

Sueño cada noche con una madre
que atraviesa continentes
cargada de olores marinos
      pero sobre todo murmullos
   canciones
cuentos.

        Ah la lengua de la madre.

Mi lengua pesa demasiado.
Me desplazo por ciudades
                con ojos abiertos
                        bailo
me siento en las veredas y converso
                aprendo frases
                las uso todo el día
las doblo en la noche debajo de mi almohada.

Me herirán poco, los que hieren;
no tendrán el privilegio de mi boca.

DE *TÉCNICAS PARA CEGAR A LOS PECES*

2019

RESTOS MARÍTIMOS

Frente a la Piedra de Achao
quedamos al garete.
Soy niña y recuerdo
cómo aparecían y desaparecían a lo lejos
          las luces del poblado.
Las mujeres lloraban.
Los hombres permanecían en silencio.

Yo estaba extrañamente más allá del bote,
unida al oleaje.
De algún modo, también furiosa y húmeda
flotando lejos de todos ellos
          tan débiles, tan temerosos.

(El bote se va solo hacia allá, singando.
Uno se aferra al timón mirando un solo punto:
la Isla de los Muertos)

LA FLOR DE LA DICHA

Aquí, a orillas de la mesa
con la ventana entreabierta
y una tetera silbando monocorde,
el instante despliega su andamiaje.

Descanso el rostro sobre el brazo
y me dejo recorrer por esta paz.
Ya antes de todo, ahí
   en ese sitio
estaba concentrada la plenitud.

El fuego, la luz, los objetos amados
reunidos en capullo
   se abren sin aspavientos.

Es la flor de la dicha
   que estalla unos segundos
y perfuma, al extinguirse,
   los demás momentos del día.

Ahora la ciudad tiene otro orden
Bajo un cielo sucio
las micros desechadas por la capital circulan
tragando turnos de obreros que van a las pesqueras.
Se abren choperías, cafés con pierna,
              en los nuevos night clubs las vecinas bailan,
              sin ningún tipo de miramientos.

(el mar, en oleadas, vomita
            medusas muertas y envases plásticos)

Como un cuchillo rasgando lado a lado el paisaje,
la luz del día ilumina un colchón manchado de orines.
Bolsas de basura esparcen su contenido aquí y allá.
Las olas golpean contra la Piedra del Run,
                                    violentas.
Son las mismas
desde los inicios de los tiempos.

A pesar de todo, las flores silvestres
mantienen vivos sus colores y
            se aferran a las laderas
esparciendo el crudo aroma de su carne.

Hay días así.
Caminando por el centro del pueblo,
ves la tristeza de las vitrinas.
Sientes el aire atormentado del pantalón,
su borde descolorido,
                   la falda que languidece en el perchero.
Adornos polvorientos.
El rostro de la vendedora que mira con avidez hacia la puerta.

Tienes la certeza que en unos días más
su mercadería ordenada en cajas de cartón
esperará con ella un colectivo
                   mientras empieza –otra vez– a llover.

Esta casa está perdiendo a los suyos.
Ya lo decíamos.
No retiene ni los sucesos recientes, se filtra.
A menudo se confunden sombras que
–uno sabe–
son los amigos muertos.
Vergonzoso es sentir que andan por aquí y observan.

Lo que permanece se esfuerza
            por mantener unida su materia.

No fuimos dignos de dormir cerca del altar.
Nuestros mayores, sí.
Ellos vieron ciudades brillando en las lomas de la isla
como ardientes reflejos del deseo.
Y también un barco que se llevaba a algunos
–para escarmiento de todos–
una sola noche de fiesta con manjares y excesos
            (todo el que volvía estaba viejo y alucinado).
Soñaban con remolinos que se tragaban botes.
            Y sabían cuándo no era día de pesca aunque el sol brillara.
            Y que galopan caballos alrededor de la casa del moribundo.
            Y se convierte en perro aquel que odia.
El año en que florece la quila habrá desgracias
            y los animales sienten cuando alguien arrastra una pena.
Supieron los antiguos todas estas cosas
y otras muchas que callaban
            el silencio está cargado de destellos.

A veces, todavía, la hermosura nos hace enmudecer.

Hay calles amables bajando con dulzura hacia el mar.
Dos chicas se trenzan el pelo
en los escalones de una casa con cortinas de crochet.
Un hombre cruza de una vereda a otra sin mirar, seguro.
Señoras con la compra conversan en una esquina.

Un sol delicado alumbra el tránsito
de los que vamos
                    sin apuro a ninguna parte.

Se termina esta parte de la historia.
Nuestros ritos han entrado en fase terminal.
Hay barcos de turistas que asisten al espectáculo de la fe
y, en la explanada, frente a las puertas de la iglesia,
ejercen su comercio los desarrapados del continente.

El santo Nazareno sale cabizbajo,
ahora con más razón que nunca
avergonzado, tal vez, de estos sus fieles
        que terminan ebrios durmiendo en la pampa.

Maldición eterna a quienes vejaron el paraíso.
Para aquellos que retorcieron el discurso
y escarbaron en los deseos más vulgares.

Malditos quienes abrieron el cofre
que descansaba bajo el altar.

Dijo algo que no pude escuchar.
Al momento la ropa se descolgó del cordel
y se revolcó en el suelo;
la basura se alzó en remolino y voló alrededor de la casa;
botellas vacías se llenaron de un líquido amargo.

Decálogo entonces para vivir juntos:
no nombrarás aquello que no quieres que surja
y permanezca ante tus ojos.
No evitarás las fuerzas que no comprendes.
No cerrarás la puerta.

Desprovistos ya de todo apego a la minucia,
nos miramos las cuencas vacías
y sumamos la oscuridad que nos ocupa.
Se oyen rezos.
            El olor de flores mustias nos envuelve.

Restituir a la isla su condición de madre.
Volver a sentir el calor de la madera crujiendo
                aroma a cujen de grosellas,
el sonido de la tetera saltando sobre la plancha de fierro
el vapor que sale de su boca.

Tirar el cordón de la puerta,
ver a los mayores, cada uno en lo suyo,
oír a los gatos corriendo sobre el techo de zinc,
mirar por la ventana hacia el rincón
                donde florecen los pensamientos.

La infancia huele a mariscos y lámparas petroleras.

Se termina esta parte de la historia.
El fiscal sigue dando la hora a campanadas.

En este valle de lágrimas algo se acaba.
y no hay fanfarria ni discursos.
Hubo imágenes de alerta
–no podemos quejarnos–
niños corriendo con calaveras en las manos
el incendio del Lidia que dejó un forado ennegrecido
y el pez con ojos de niño recién nacido.

Hace ya tiempo que los dolientes
        se habían desentendido de sus muertos
y que los hijos pusieron en venta las casas de sus padres.

Abriré la boca y pegaré los labios al confín de las raíces.
Mi voz contra la tierra ahogada.
Que el silencio actúe como concha de ostra
mientras dentro de sí se concentra la materia de una perla.
                Desde ahora.

La señora que guarda las llaves de la capilla nos ha dicho que la virgen vestida y sin rostro es nuestra señora de Gracia. A ella misma, cuando estaba limpiando, se le cayó de frente contra el suelo. No tiene rostro y permanece con las manos levantadas. Con su traje amarillo y las enaguas de encaje, está sentada. También tiene pendientes de perlas en lo que queda de un lóbulo de su oreja.

(He escondido mi cara. Yo quise que se rompa/estrelle contra el suelo... ya no podía con la expresión del deseo. Hacía tiempo también acabé con mis manos. Nada de tocar. Solo muñones que ya van cerca de los hombros para que no. Para que jamás cuando estoy sola)

El equipo considera que restaurar no significa volver al estado inicial; la pátina se respeta, los materiales tienen su historia, están cargados por el transcurso del tiempo y también de las oraciones puestas una encima de la otra. Se recubre la grieta pero la sanación es honesta, está en evidencia. Las lagunas (como la cara perdida de la santa) se reconstruyen en fino tramado elaborando una versión del rostro volado, un rostro que es especulación. Intervención crítica es ver el tiempo, darse cuenta de que todo está destinado a desaparecer. No escamotear esa verdad. Lo único perdurable es la muerte. El esfuerzo es sostener unida la materia con esos trucos elaborados para guardarlos hasta la generación siguiente. Ir arrastrando la imagen que amaron los antiguos.

Ninguno del equipo tiene fe.

Los restauradores llevan tanto tiempo concentrados, que se han puesto a hablar con personas que no están aquí. En voz baja discuten sobre una santa a la que encontraron con una peluca rubia hasta la cintura. De espaldas es inquietante el rubor de sus nalgas expuestas. El cabello, regalado por una promesa, se ha deslizado a un costado.

Quisieran decir que mejor, nada. Que si ya no quedan jovencitas con pelo natural, no hagan promesas.

Cuando Gustavo desvestía a la santa asomó su hombro desnudo con un rubor pálido en la redondez; la curva de la garganta, su fino pie de avellano. Y desabotonó, con esa mano gruesa sin pulgar ahora, la delgada enagua de la santa, de lino consumido, que terminó por deshacerse. Entonces cayeron al suelo unos billetes muy doblados.

Dice Boquita que lo peor fue Metahue porque en toda la isla ya no queda agua. Tenían que lavarse en las mañanas con el contenido de un vaso cada uno. Ella recuerda con tanta alegría cómo encontró, por casualidad, un cuenco de madera con agua de lluvia.

Dice Boquita que la misión circular otra vez no, por el agua.

La gente prende las velas tan cerca. Así se incendió la candelita que tenía en su mano Santa Filomena, por eso la tiene quemada. Me tocó sanar a un Cristo chamuscado –dice el maestro–, venía con un pañito de pureza para tapar sus vergüenzas y me conmovió cómo me abrazaban las viejas por salvar su Nazareno.

Boquita le habla golpeado al cura. Le dice que la imagen reparada en la misión anterior tenía un dedo desprendido; que la encontró sin orejas y sin cuello, con telarañas. El torso tenía perforaciones hechas por insectos, también la cabeza. Obturamos los orificios, dice severa, pero tiene que haber control periódico porque los organismos reaparecen. Hicimos un estuco y reintegramos cromáticamente, insiste. Por suerte teníamos la otra mano; al limpiar la herida, nos encontramos cola carpintera. Está con sus deditos ahora, los hicimos de ciprés.

Ninguno del equipo tiene fe.

COLOQUIO DE SANTOS

Detrás de la estufa, el padre de ochenta años; el abuelo de casi cien; el hijo de sesenta; dos nietos cuarentones; un bisnieto rozando los treinta. Todos ahumados, silenciosos. Poca luz sobre las cosas. Sentados en el florero mientras la única mujer es una sombra que a veces pone leña al fuego. En la isla no quedan árboles, ni agua, ni más gente: solo estos. Mientras el mundo de afuera se vacía, en la capilla los santos hablan. Deciden marcar el tiempo de término con una última procesión y salen a la explanada sostenidos por el aire. Sin música, sin andamios, sin oraciones.

El viento se cuela por las hendijas
levanta polvo de los rincones
desclava la madera   debilita los envigados.

Nada hemos podido contra su propio daño
pronto no quedarán vivientes
la capilla pierde sus tejas.

Chauras y espinillos encontrarán ranuras
crecerán hasta ocupar todo el espacio interior
reventarán los frutos de furioso rojo
reventará el natre y sus ramas
saldrán por las ventanas
brazos floridos.

Sus bayas hinchadas y lustrosas.

Azotándose como animal herido
esta isla será otra vez un zarzal verde y trenzado
las naves de la iglesia derrumbadas
el maderamen disuelto.

Todo volverá a su curso
    como era en un principio
    ahora y siempre.

ROMEROS EN ROMERÍA

*No han servido las vestiduras sagradas. Desde temprano sospechan
los niños el destino desperdicio de las escuelas públicas, de las incon-
tables horas frente al televisor.*

En la boca tiene el alma una de sus puertas.
El cáliz desbordado se eleva.
Hay peces que flotan
dormidos en el aire espeso.

La pasión de la fe
deja un sedimento oscuro en los pliegues
de las ropas sagradas
en las columnas de madera
en los altares y el púlpito.

En la boca tiene el alma
una de sus puertas.

La materia dura de los huesos
termina por elevarse
sobre la amenaza cotidiana de la muerte.

He aquí que los corazones palpitan.
Y las palabras brotan de las bocas,
                    todavía.

DE *POLVO DE HUESOS*

2012

DESPRENDIMIENTO

La gran explosión
nos condenó a lo singular

solitos flotantes mínimos

sumergidos en el caldo absoluto
deseando otra vez
el Enlace.

ANILLO

Recojo las piernas
y abrazo el rostro sobre las rodillas.
Todo lo mío cabe
en el oscuro anillo de mi cuerpo.

En el círculo que cierro lentamente
el universo se concentra.

Me herirán poco, los que hieren.
No tendrán
el privilegio de mi boca.

CIERTOS MUERTOS SE LLEVAN
SUS OBJETOS PRECIADOS

Ciertos muertos se llevan sus objetos preciados
o vuelven
para dejarlos caer
            cambiarlos de lugar.
Lloran en los rincones
por el retrato de la amada
abren cajones giran llaves encienden luces.
Y, sin embargo,
nada les devuelve el ardor.
Les parece carne la página de un libro,
sangre la luz que atraviesa los visillos,
músculo el brazo del sillón.
Solo ellos, ciegos y terrosos
son puro residuo evanescente.

¿Y si vence el amargo?
Desconfiemos de los lunes blandos
          y de la mesa puesta.
Este florero que aparenta inocencia
sabe cómo se ocultan las arañas
          debajo del mantel.
Por el costado, el tiempo
avanza con su lenta carcoma.
Noche y día, el murmullo
de las faltas cotidianas
se mece, cadencioso, entre las sombras.

ESPESOR DEL INSTANTE

En días como este, se vuelve a inundar el patio de la infancia. El barro donde chapotean las gallinas se vadea con tablones puestos uno a continuación del otro. La madre junta valor durante el día para enfrentar la oscuridad de la noche que se anuncia especialmente dura. Afuera estallan ventarrones fortísimos, truenos y relámpagos pero los niños de sus ojos tenemos permiso para ser felices y desarmar todo el orden doméstico: la cocina se convierte en una carpa de circo con las colchas y frazadas. El trapecio cuelga del techo y mi hermana se balancea en calzones a los que hemos pegado papeles brillantes. Soñé tanto con estar trepada allí alguna vez con el pelo flotante y un traje de pedrerías. Pero lo mío era mirar. Y de algún modo, todavía estoy debajo de la mesa contemplando a mis hermanos y sus faenas riesgosas. Desde el lavaplatos a la mesa de la cocina, el palo de la escoba para los más osados o una tabla también sacada de una cama, permiten el lucimiento de los equilibristas.

Y otra vez una sonrisa me atraviesa de parte a parte cada vez que la lluvia empieza a tupir y se adivina el temporal. Porque la vida sigue siendo como esa improvisada carpa de circo. Mi madre en las sombras; su mano que no se ve contiene el hilo de todo y ha dejado que cada uno se despliegue según un tejido que tal vez no entiende pero confía porque es un hilo que viene de lejos sin cortarse, desde su madre y las otras más antiguas. Mis hermanos siguen de lleno atravesando pruebas como si jugaran y yo aquí, deseando atreverme, agazapada un poco, ahora tras las cortinas. La sonrisa, ahora como entonces, no logra borrar el remiendo de las sábanas. Siento, eso sí, un aire de término y sospecho que no desfilaré en el gran final con tacos altos y medias caladas.

CEREMONIA

El vestido de la novia cuelga de un cordel en el patio. Solo unos pasos más allá, sus compañeros de infancia carnean corderos para la celebración. La sangre brota abundante de las gargantas que aún palpitan mientras los niños la recogen en una palangana. Uno de ellos ha estado llorando a escondidas, pero eso no importa ahora. La casa, que fue despoblándose de los suyos con los años, rebosa ahora de trajines: desfilan vestidos de fiesta en sus colgadores, trajes, corbatas, zapatos brillantes se alinean a la entrada de las habitaciones.

La novia salió a recoger flores blancas y amarillas para su ramo y las ha puesto junto a las bolsas donde los padrinos tienen preparado el quinto. Lanzarán en la tarde las monedas anunciando prosperidad aunque sean pocos los que se arrojen por ellas al suelo. Aunque los espectros vean el metal escurrirse entre sus dedos de aire.

YO, PIEDRA

Recuerdo exactamente el día que encontré la piedra escondida debajo de un montón de lamilla en la playa. Estaba cubierta de una capa oscura algo viscosa que me llevé a la nariz como si fuera el mar entero en el hueco de mi mano. Y yo tuve la culpa de rasparla hasta sacarle brillo. Enseguida se hizo una reunión en la escuela para instalar el motor de la luz eléctrica. Yo no sabía lo que podía provocar la piedra así es que la andaba trayendo en el bolsillo de mi delantal y cuando estaba sola, me gustaba sacarla y pasarle un paño hasta que despedía unos destellos luminosos. Así, cada vez fue llegando el retén de carabineros, la lancha grande del maestro Ciro, la ampliación de la escuela. Cuando me di cuenta de los poderes de la piedra, mis vestidos me quedaban chicos, casi toda la gente andaba con zapatos y muchos jóvenes se habían ido para siempre de la isla. Entonces, tomé el ágata maravillosa –ojitos de gato– y la envolví en un trapo negro, después la metí debajo de una tabla suelta del piso, pero ya era tarde. Su efecto se había desatado y, por inercia, la velocidad del tiempo ya no paró más.

ELABORACIÓN DE LA CASA PERMANENTE

UNO

Mi hermana a veces regresa
y en esos días
construye maquetas
casa en miniatura ventanas armarios
puertas que se abren y –sobre todo–
se cierran.
Elabora muñecos vestidos de fiesta
copa en la mano, ninguno está solo.
Cada vez son más pequeñas las varillas
preciosos los trajes
fina la cristalería.

Mi abuela dice que somos víctimas
del fin de los tiempos
que mi hermana llora porque no puede entrar
a su casa.

DOS

Los nuevos tienen discurso, dicen
«nadie quiere una casa con vecinos»
No se hablan, no se hacen señas
de una casa a otra.
Demasiada distancia.
Copas de árboles frondosos
extensiones de la propiedad.

Sueñan una casa una persona.

Aprendieron varias lenguas
y han viajado
pero mudos en su heredad
sin herederos.

TRES

Termitas en los envigados
termitas en los poyos que los sostienen

Cáncer de los edificios.
Ingresos brillantes, portones eléctricos
que nada más inaugurarse
empiezan a morir.

Peluquerías   pinches   copias de llaves
un ciego en la ciudad
se deteriora el espacio de los privilegiados
llegan los otros.
La palabra cargada que expulsa hacia los márgenes
y va colonizando
subiendo con sus escogidos trepando.

Allá van los solos
que no quieren vecinos.

CUATRO

Sobre la mesa,
la jarra del agua tranparente.

Al final de la cena
cuando los comensales han salido
cada cual detrás de su sombra
la densa materia líquida
se ha enturbiado.

Afuera es el espanto del mundo
allá van los heridos
los desmembrados rotos

dejando atrás
un refugio en llamas.

DE *EN NOMBRE DE NINGUNA*

2008

Esta, la de la foto, es la misma que jugaba con su muñeca todo el día y en la noche la arropaba para que no sintiera frío ni miedo. Se resistió a tirarla cuando perdió un ojo. Siguió negándose cuando cayó sobre la estufa y se quemó el brazo de goma. Y cuando se le apelmazó el pelo. Y cuando quedó con una sola pierna. Es la misma. Sin señales de pena, posa con los restos del recién nacido sobre los trapos con los que limpió el piso.

Todavía estás ahí, agazapada con el dedo en la boca (ahora, de adulta, llama la atención ese pulgar pálido y delgado). Obligada por la circunstancia, escondí a la Yoya en agosto y te ayudé incluso a buscarla por cada rincón de la casa. Entre lágrimas dormiste tanto tiempo. Tal vez por eso, cuando apareció bajo el árbol de navidad con ropa nueva y recién pintados los ojos, la miraste sin tocarla e iniciaste desesperada el rito incansable del dedo. (Ya había experimentado con dejar objetos ocultos. Objetos que me causan placer. Hacía un esfuerzo por olvidarlos, para hallarlos de pronto, inesperadamente. Ejercitaba el perder y recuperar pero trampeaba con los tiempos, escamoteaba la posibilidad de la pérdida total, definitiva).

El aparador muestra casi todas las muñecas que llegó a tener. Relucientes, de vestidos nuevos; solo el polvo acumulado da cuenta del tiempo. Las repisas están lo suficientemente altas como para que no las alcance una niña y, como se puede apreciar, ambas entradas al cuarto están cerradas con llave. Las ventanas, eso sí, son amplias; las más grandes de la casa. Ella podía, cada vez que quisiera, arrimar una silla y contemplarlas con el rostro pegado a los vidrios.

Cuando cayó su muñeca al pozo séptico, a ella misma le cubrieron la nariz con un pañuelo impregnado de colonia y la bajaron amarrada de la cintura, para rastrear entre la mierda de los suyos. Después tuvo que refregar el amasijo de plástico y sacarle brillo a los ojos de vidrio. Y después lavar la ropa, lavar la ropa toda, toda la ropa. Y todavía más tarde, escarbar con una astilla debajo de las uñas, donde el olor se concentró para siempre.

Me acuerdo del día que vinieron a pedir mi vestido de primera comunión. Permanecía guardado, envuelto en un género también blanco porque lo habían bordado las monjas del hospital y mi mamá demoró meses en pagarlo. Fui con ella al velorio y ahí estaba. Arriba de la mesa habían instalado una silla y, entre cojines, acomodaron al angelito con mi vestido puesto. Aunque le arreglaron el pelo con mi toca de flores rosadas, igual uno se daba cuenta de la verdad por su cara de cera con los ojos cerrados y los labios violeta. Parece que le habían pintado dos círculos encarnados en las mejillas. No lloré por el miedo a morir, como pensó mi madre, sino por el olor a entierro, cómo iba a sacárselo.

Mi madre borda en el extremo de la mesa pronunciando frases apocalípticas. Señala con aguja acusadora todo lo que se nos viene encima. A dos manos protejo mis oídos pero los letreros luminosos zumban instalándose en el pueblo, el estruendo de las risotadas en la televisión, la basura acumulada en los caminos vecinales, vísceras de animales cuelgan de los cercos.

Mi madre ahora mueve la cabeza de lado a lado reprobando. Dice que nos encaminamos al fin.

Y esta es la Bernarda. Ella leyó en el diario una noticia sobre el asunto de las guaguas botadas en basureros públicos y se le contrajo de golpe el vientre vacío. Reclamó en el juzgado al Primer Niño para acunarlo muerto, le puso de nombre Aurora y lo enterró en un lugar sagrado para tener donde ir a dejarle flores. La tumba que compró es amplia para que vayan llegando sus hermanitos.

AGUAS

No se habla de los ríos ocultos.
No se nombran sus aguas
ni se intenta oír el curso de cristal.
Permanece ahí
reserva y fondo de otro paisaje.

La palabra y el agua tienen ese pacto secreto
                    celo de decir
que cubre la desnuda transparencia.
Celo de borboteo imposible.

BASURA

Ahora tenemos aquí
una bolsa negra que contiene un niño.
Sabemos que sufrió.
Que se retorcía.
Que se le pegaba el nailon
en la abertura de la boca.

No alcanzó a reír.
No alcanzó a colgar
        de la ternura de un pezón.

BOCA DE RÍO

Ay del cuerpo abierto en canal
despojado de su niño
en operación de urgencia
        (sobre la mesa de la cocina).
Ay de la que se entierra un palillo
o un tallo de apio o una rama de espino.
Ay de la que se toma una taza de cloro.
Ay de la que se acuesta boca abajo
mientras su amiga le salta encima.
Ay de la boca de río que la contiene
y de esa agua ya para siempre turbia.

Aquel cuyo espanto le obliga a volver la vista
habrá de inclinarse y anegar sus ojos
ante la niña de vientre hinchado.
Habrá de dolerse.

Ahora no es tiempo de amarrar la lengua.

EN NOMBRE DE NINGUNA

Se suceden en procesión
hacia el altar de la sangre
estas jovencitas
con sus crías en bolsas negras.
Hay otras debajo de las tablas del piso
y enterradas con las flores del jardín.

En pecado mortal
están las hijas de la patria.

Actúan ellas en nombre de ninguna.

APARTAR LOS ZUMBIDOS

Hay que referirse también al incesto.
Ese destierro de ciego
internándose en la oscuridad de la sangre.
Se tantea el origen
entre figuras descabezadas
y restos de géneros empapados.

Hay que hablar del miedo
de la descomposición de la memoria.

Hay que dar cuenta de un niño
en un paisaje borroso.
A su alrededor,
numerosos troncos quemados.

No es tiempo de amarrar la lengua.
No es tiempo del zumbido necio
                    de la decepción.

PEQUEÑO RETRATO DE LA ASCENCIÓN DE UN ÁNGEL

Dormido, de suave talante
sostiene una piedra en cada mano.
Allá abajo, en la terrosa humedad
una orla dorada rodea su cuerpo.
Las raíces susurran
los insectos suspenden su carcoma
para contemplar la dulzura de este ángel.

(A pesar de los ojos abiertos
de sus labios coloridos
de su corona de flores frescas,
ya no está con nosotros).

Ahora que hemos visto cómo consiguió un nombre
cómo se hizo de una familia siendo ya cadáver,
ahora puede aflojar sus alas falsas
y dejar que la lluvia estropee el traje prestado.

Ahora es cuando se eleva entonando coplas
planeando sobre las cabezas de los asistentes.

Si no fuera por las cuatro velas encendidas
por las flores y el lavatorio debajo de la mesa
podríamos engañarnos:
esa cabeza reclinada en la almohada
ya no está con nosotros.

Quisiera el pequeño llevarse hasta sus restos mortales
(para qué dejarlos, aliviados ya de su peso)
El nacimiento fue un breve paso.
En vuelo rasante pasó a recoger
un gesto de amor cualquiera
y dejó una cicatriz
            esta línea finísima en el útero.

SIEMPREVIVA

No es un retrato el que te contiene
bajo este sol desanimado de abril.
Eres tú, sin embargo. Tendrás cuatro años
tratando de sonreír mientras escondes
las manos sucias tras la espalda.

Ya picada de muerte, sí
pero palpitando más allá del paisaje.

Aurora, graciosa niña
despojada de todo –salvo tu nombre–
goza de la vida eterna
en esta imagen que hubieras sido.

DE *SOMBRAS EN EL ROSSELOT*

2002

«Desde el árbol veía sus trajines en el patio. A veces me dejaban entrar a recoger los papeles plateados de las cajetillas de cigarros y me entretenía haciendo cinturones para ellas o solo mirándolas. Así, hasta que sentía los gritos de mi vieja llamándome.»

CASA DE CITAS

Oscurece y las piezas inician movimiento.
Suenan
    a veces ríos dulces
    a veces ocarinas
    o violenta sangre en oleadas.
Hasta el encajar de unos dedos entre el cabello
    parece oírse.
Medusas transitan aéreas
pegándose en las superficies a su paso.

Ferviente esta casa
navega con las ventanas abiertas
      de par en par.

PAISAJE

Parece tan húmedo
el bosque pintado en la pared.
Incluso, cerrando los ojos,
el lago se vuelve navegable
y saltan peces sin carnada al bote.
La marea roja se retira
y estamos otra vez llenos de sueños.

A veces basta un ruido exterior
o un ligero movimiento
para que se evaporen
sillones hundidos, cortinas
luces de colores
humores descompuestos
y giren, en caleidoscopio,
los días mejores.

AIRE DE TÉRMINO

Tingle y techumbre se sacuden.
Acumulo residuos
    pedazos de madera
    uñas
    pringosos trapos
    restos de latas.
Desde las paredes, los orificios de bala
han sido delineados cuidadosamente.
Este aire de término.

Amenaza la mudez.

LA CASA QUE HABITO

Persiste este territorio inmóvil.
Se recoge y abre a voluntad.
Cerrada sobre sí
proyecta en las paredes
  escenas imposibles.
Parajes de utilería
que me fijan a esta silla
mientras se encienden las luces
  y comienza la música.

AFUERA, UN ÁRBOL

Este pueblo se concentra
en el pozo desesperado de los ojos.

Aletazos de pájaro contra la ventana.

Aroma del presente:
siento,
    sin ver ni oír
    la caída del alerce
    en dos ardientes lonjas.

LAS FURIAS

Furias de cabellos enardecidos
cabalgan en el lomo de esta casa.
Ni rostro. Ni labios.
Solo una gran cabellera extendida.
Solo levantar de senos.

Furias que quieren entrar.

Me levanto erizada
acopio nieve, verde en explosivo
y cóncavo, honduras,
máximos picachos.
Rociando agua bendita en las esquinas,
me interno en la materia del sueño:
    hilos
    que se pueden apartar con las manos.

ZONA DE SOMBRAS

Agigantada la sombra de la bestia
se repite una y otra vez sobre los muros.
Su aliento apaga la vela de la sala
y sombrea los rostros
hasta ayer, de fiesta.

ESCENARIO

Amarillentas luces iluminan
cadavéricos rostros
que quisiéramos olvidar.
Así también las manchas,
        alfombras deshilachadas,
            muescas de cuchillo
y apelmazadas huellas de sangre.

Caminar es esta oración
        en la que nos sumamos.

«no, si yo nunca entré, pero dicen que iban todos los empleados públicos, los profesores, los militares. No, no me acuerdo del nombre de ninguna.»

FESTIVAS

Una vez más el sonido de puertas
música intolerable y golpetear de uñas.
Arrastran sillas. Se ríen de mí.
Del alto de platos que me falta
por lavar.

DETRÁS DE LAS PUERTAS

Acechan agazapadas en los rincones.
Mientras se arreglan el pelo
digieren lentamente
    toda su ira.

No hay reposo.
No es refugio este sitio inundado
por aliento animal.

Al borde del abandono,
mi propia furia
aumenta el espesor del aire,
este aire gastado y pegajoso
que escurre en las paredes.

Y ellas, habitantes de lo húmedo,
dándose aires de princesas,
se han tomado todo el tiempo
    de esperar.

PRESENCIAS

Los seres oscuros confunden
este tiempo y el otro,
escamotean su presencia
y, en medio de la sala,
nos señalan como blanco visible
de toda embestida.

Obligados a llevar su olor
integrado a la piel,
su murmullo incansable
colgando de la oreja;
se desea ardientemente
un nuevo territorio
o al menos un sitio
donde no campee el miedo.

SOMBRAS EN EL ROSSELOT

La loca de la casa amaneció
acostada en mi cama.
Cerrado el puño
aprieta los últimos cabellos
que arrancó de su cráneo.
Se asoma a las cuencas vacías
un bullir desesperado
que ustedes verían
si no fuesen también sombras.

Si no fuesen sus propias cuencas
un pozo en vertical.

ESPECTROS

Frente al espejo
alzan el *rouge* en sincronizado
movimiento.

Tiempo de calzones
en colgadura visible de pared a pared.
Su íntimo. Su anoche. El sudor.

La lluvia me invita a celebrar su aguja
y, en vela,
ser alguien que ama.

LAS OTRAS

Ríen ellas, las festivas
abrazando hasta llorar de placer.
Arrojan desperdicios en los rincones
para que yo lagrimee
barriendo
sin nadie
a quien bailar bajo las luces.

AMATORIO

Deslizante el aura de un tiempo de risas.
Se oyen jadeos en los rincones
estrellar de platos y bolsas de basura.

Los soldaditos que ardieron aquí
no quieren marcharse,
marcaron territorio y permanece
        su olor
        su mortecino cabalgar.

«Ahí donde usted vive se iban a divertir los hombres que estaban construyendo la carretera. Traían mujeres de Brasil, de Argentina, de todas partes y todas las noches había desorden.»

VIGILIA

Obligada a la vigilia
muestro los dientes a la satisfacción.
En vilo
sacar a uñadas la capa del perdón.
En la punta del agrado
rememorar acres residuos
     quebrar el gusto
     arder.

Sobrevivir es tarea indigna.

HUELLAS

Ruidos. Olores.
Actos de innegable densidad.
Una puerta conserva el roce de la mano.
Toalla que acoge la hendedura del cuerpo,
pisada que resuena sin pie.
Por doquiera, fragmentos de uñas.

Ácido territorio en que se mueve mi ansia.

ABSOLUCIÓN

Hablo todo el tiempo con seres de espaldas.
Incluso tú y el socorrido aspecto de héroe:
perfil indiferente, humo, rictus irónico.

A veces, mirándonos las manos
    deseándonos,
      el amor nos absuelve.

GRACIA

Tu aire de huérfano.
Mi aire endulzado para ti.
Y este que compartimos.

Vuelve a oírse del amor
        su cadencia.

ARQUEO

Justo es decir que no he dado el alma.
Tomé lo que había, en gesto leve.
Inclinarme y recoger:
      encerrado todo el aire en ese puño.

AMENAZA LA MUDEZ

Tengo en el anca
un sempiterno lunar amoratado.

Estrechez entre cocina y lavaplatos.

Desgajo mi memoria.
A dos manos busco orificios
en el pellejo de la cabeza.
Ensarto imágenes
y las repito en voz de salmo.

Está vacía la explanada;
ni un arbusto
no hay paredes, me anillo
    soy un atado
    de
    tres
    palabras.

DE *LA SANTA, HISTORIA DE SU ELEVACIÓN*

1998

LA SANTA ORILLADA Y LACRIMOSA

La santa orillada y lacrimosa
en un rincón de la mediagua.
Enloquecida por el olor penetrante
de la miseria.
La imagen fue concebida
para colmarnos
por ese tiempo incalculable
que es la detención.

LA SANTA ARDIÓ POR LOS COSTADOS

La santa ardió por los costados.
No era el fuego del infierno ¡no!
el que la encendía en llamaradas.
Se trataba del cigarro de un cliente
en la mesa de noche.

HACE TIEMPO MIS HIJOS

Hace tiempo mis hijos
sufrían de hambre.
Secos mis ojos
mechones arranqué de sus cabezas.
Después el amor
          ya no borró cicatrices
ni sus rostros pequeños
    volvieron a sonreírme.

LO SUCIA QUE ME HAN DEJADO

Imperdonable lo sucia
que me han dejado
             mascullaba.
Indecentes las salpicaduras de sus faltas.
Cómo me presentaré ahora.
Mi pureza en tela de juicio.

EL MIEDO QUE SE APOZA
EN EL FONDO DE LOS OJOS

Esto es un castigo de Dios
–le susurra a los niños
escondida debajo de la mesa–.
Recen, agachen la cabeza.
Y el miedo se apoza en el fondo
         de los ojos
para siempre enrarecidos.
Dios nos ampare
repite con las manos cruzadas.

LOS VI A TRAVÉS DE LAS MANTAS

Vi a los niños acostados en sus camas
cubiertos y blandos
–carnecita tierna–.
Pero no eran ellos.
Vi a través de las mantas
el puro globo de la cabeza.
Más allá
sentados en hilera
los cuerpos desgarrados.
Escribí entonces en las paredes
la inconmensurable
            pena de mi alma
y todos los improperios nacientes
            de mi propia culpa.

REUNIÓ A SUS HIJOS

Reunió a sus hijos
con enorme dulzura.
Entre todos amarraron la cuerda
alrededor de la viga
y acomodaron el cuello paterno.
Después amasaron huesos y lágrimas
sirvieron la mesa en silencio
a medias despojados del miedo.

SOÑABA QUE LA FELICIDAD

En plena visión era izada
a un barco de tremendas dimensiones.
Ya en cubierta
seguía ardiendo.
Soñaba que la felicidad
era el placer ilimitado de la carne.
Tirada en la playa
treinta años después
un viento arremolinado
la despojó del abrigo
    y los rastros de la fiesta.

LA ELEVACIÓN

El vendaval que dejó la santa al elevarse.
Despojada de sí.
Cerúleo el rostro.
Transformada y bella.
Me sorprendió encontrarla al otro día
donde mismo. Cansada.
Con algunas arrugas cerca de los ojos
y, sobre todo,
subiendo desganada al pedestal.
Quiero decir (parecía)
cansada de la perfección
tratando de confundirse con los feligreses.

SE ARMÓ EL VELORIO DE LA SANTA

Se armó el velorio de la santa
con mucho aroma y flor
y trapos blancos.
De alguna manera sabíamos
que era una celebración
        sin cuerpo
como aquellas de los hombres
que se han perdido en el mar.

SINTIÓ FLORECER LAS QUILAS

Sintió florecer las quilas
y se alzó por sobre la debacle.
Vio gallinas lanzándose
contra vehículos en marcha
nubes entrechocando.
En Caucahué se susurran
males innominados.
Los suicidas sobrevuelan
sus lugares de muerte.
Alguien menciona
el terremoto del sesenta.
La santa encoge los hombros
ahueca el cuerpo.
Protegida el ánima personal.

EL VENDAVAL DE LA SANTA

El vendaval de la santa
ha descubierto
   dejando al desnudo
nuestros cuerpos manchados
   por las magulladuras
   y las continuas pestes.
Nos tapamos de cualquier manera
mientras ella se eleva.
Blanqueados por un segundo
nosotros también
   iluminados de pureza.
Volteo a mirarte
y nos encontramos en el minuto justo
de darnos cuenta de cómo nos amamos
   en otro tiempo.

AHORA VIENTO HURACANADO

El vendaval fue ahora viento huracanado.
De raíz salían los árboles del colchón terrestre.
Las pequeñas casas del cerro
bajaban dando vueltas por la ladera
achicándose hasta la altura de un niño.
Iban cayendo los hombres
a merced de los elementos.
La santa a bocaradas expulsaba
el humor del cambio.
La pesadez del siglo revolviéndose
en las profundidades
de su atormentado continente.
La santa levantando de punta las olas.
Despedazando lanchas y sueños
orillando restos de motores
sobre las rocas marginadas.

LA CORONA QUE CEÑÍA SU CABEZA

La corona que ceñía su cabeza
era una tira de plata
con tres órdenes de púas.
Y ella disimulaba con velo y toca
su placer.

ME HA ENAMORADO

Me ha enamorado de tal forma
que solo en Él puedo encontrar reposo.
Siento hastío
por todo lo que no es Él.

ANUNCIO DE ESTRELLAS

Todos los televisores y teletipos
el ruido insoportable
del aparato informativo.
Todos
anunciando lluvia de estrellas.

Es la alegría de la Santa
estallando en cuerpos celestes
que se disuelven antes de llegar
al contacto con nuestro aire.

DESPOJADA DE PIEL

Cómo he podido despojarme
de la piel y los huesos
y quedar, médula ahí
regada a todos los pies
      enmaderada
turbia
    de tanto desear.

MI ÚTERO REMEMORA

Mi útero rememora
los dientes del bisturí.
Se separa en gajos violáceos.
Me deslizo detrás de las columnas.
Escribo sobre mi vaho en los vidrios.
Quisiera quitarme los espejos
que han pegado a mi paladar.
Aquí ya no sirve la esperanza.
Le dicen abandono
a esta similitud con la nada
que nos rodea repentinamente.

SOY POLVO SUBLEVADO

Ahora soy polvo sublevado.
Avergonzada un poco
pero completa frente a todos.
Acabaré por levantarme
   de las murras
donde me botaron estas bestias.
Todas en mí contenidas.
Todos los caminos y los azares.
Resumido el impulso y la acción.
   La eternidad.

AL TACTO DE LA MADERA SE DESPRENDE

Al tacto la madera se desprende
en parte enverdecida
                    por hongos y plantas.
Sus interiores de alambre
expuestos a la tristeza.
La recuestan sobre un tablón
y le raspan los jirones de piel.
Sus ojos húmedos de tanto ruego
                    desbordan.
Y los restauradores se arrodillan
            superados por la imagen
que creyeron perdida
    y volvieron a encontrar.

DE *BAILE DE SEÑORITAS*

1994

EL ARRIBO

Traían los dedos agarrotados
y el mar metido en las coyunturas.
Los ojos blandos y desbordados.

Desaparecieron árboles, cercos, todas
las minucias.
Solo nosotras permanecimos,
mudas y palpitantes
mirando sus faenas de atraque.

EL MUJERÍO

Desde que se asomó a la proa
todas las grietas del pueblo
salieron a la superficie.
Ellas suspendieron el ánimo
rogaron sin voz, todas juntas
para que no sean piratas.
Y enceguecieron también unidas
por el brillo del sol sobre el casco
    gigantesco.

MUJERÍO I

Retrocedimos intimidadas por la luz,
de espaldas llegamos a nuestras puertas.
Después, seguimos mirando entre las cortinas.
Tarde ya,
rodeando la estufa
el silencio es una más entre nosotras.

MUJERÍO II

Salimos con los chicos
pegados a la grupa.
Tanto hombre de lejos que venía.
Y con ellos
la remota promesa de borrar
a estos mezquinos nuestros
que comen y duermen demasiado.

MUJERÍO III

Las mujeres desta isla visten de negro
y se asoman cohibidas
    a la punta de la esperanza.
Han visto partir a sus hombres
y guardan silencio en las noches
alrededor de una lámpara.
Ellas, las primeras en avistar
a los ajenos que venían.
Solo alzaron ligeramente los brazos:
un resignado gesto que lo mismo valía
para llamar a sus niños.

TIEMPO DE SOSIEGO

Los atisbos del mal señalan
el rostro de los mismos tan amados.
Después de la tentación.
vuelven a tenderse detrás de la estufa
mientras se cierran las fauces
y la sangre se seca entre sus labios.
La lloradora les lava las heridas de cacería
y los recibe para el tiempo del sosiego.
En la noche, el silencio
reprime miradas detrás de las pupilas.

EL SITIO DONDE PALPITA EL MAPA

Corre la tristeza de casa en casa.
El espanto encuentra ranuras
y se cuela.
Algunos vuelven la vista
frente a los entumidos
que se abrazan.

PRECARIEDAD

Debimos besarnos entonces
cuando era posible y necesario
cuando todos lo esperaban
y éramos bellos
      y repletos.

Ahora apenas las manos
subrepticiamente se tocan el dorso.

La pobreza total que nos acosa.

PISADAS EN LA ARENA

La visión no es clara
pero supone un pueblo hundido
    por el peso de la culpa.
El enrarecido aroma
    de huesos deshechos
y ojos circulando clandestinos.
Cedemos el territorio amado
dejamos del regocijo
    un residuo parecido al cansancio.

TODO VUELVE A SU CAUCE

Las vigas maestras ennegrecidas
se despegan flotantes
en dulce y sostenido afán
por sobre los árboles.
Me dedico a recoger los huesos
tan queridos de los nuestros
que se han ido.
Aquí los amo otra vez en nombre
de todas.

CASTIDAD

En serio señora estuvo en clases toda
la mañana después fuimos a esperar
la micro y compramos dos kilos de
manzanas y al rato dijo que le
dolía el estómago y la acompañé al
hospital casi al tiro nació la guagua
en serio señora que ella no sabía nada

LA REZADORA

Hasta un palo podrido del monte
puede ser el santo milagroso
que nos ayude a zafarnos de esta pena.

La tierra entera es un santuario.

Cada año conseguimos retazos
para hacer mantos sagrados
e ir colgando por los rincones de la isla.

LAS CASAS DE LOS MUERTOS

Muertito mío
cómo crecen las malezas en torno tuyo.
Recorro el paisaje de cruces oxidadas
y casas de mentira con tejuelas
cojines y fotografía.
Largas visitas de conversaciones
       susurrantes.
Mantas, para cubrirte los pies.
Óiganlo ustedes
       los que llegaron
y asolaron el lugar de los amores,
oigan al muertito mío
       desde su casa lamentándose por nosotros.

DEL DELIRIO

La amante entierra a su rival descabezada
mientras la luna se encoge
y el mar descarga sobre la arena
oleadas de sangre.
El retorno es una muesca profunda
en el breve territorio.
A pesar de tanta agua
        y perdón como lo ofrecen,
nada puede limpiar sus manchas rojas
ni la sombra de la luna huyendo
ni el hoyo negro en la arena.

LINDES

A orillas del abandono
una, de vientre abierto
expone su paisaje interior.
El grito
rebota en la acerada hoja del Canal
pidiendo balseo.

LAS CIEGAS

Ahumadas y secas.
Habituadas al sombrío mundo del fogón.
El pañuelo negro envuelve sus piernas.
Juntas las cabezas dormitan
en las tardes interminables.

–vino el ángel Gabriel
–Sería el padrecito nuevo
–No, es él, ¡míralo! con el brazo levantado
y los ojos transparentes.

En la puerta, la luz cae
sobre un hombre que no es de la isla
tampoco el ángel Gabriel, menos
        el padrecito nuevo.

LAS VECINAS

Ellas están bailando desdentadas.
Saltan con su raído delantal
inventan pasos pensando en hijos
que gustarán de los cuchillos, los barcos
y las distancias.
Y ellas,
sobre las melgas de papas:
rumiando la tentación de volverse hombres
irse a las Guaitecas
para allá, seguramente, desear ser mujeres
a la orilla del fuego.

BARRIO DE VIUDAS

Más abajo de la iglesia San Pedro
comienza la calle de las pobres hermanas
y dobla dos cuadras más allá
hacia las madres llorosas.
Resistiendo la persistente lluvia, al fondo,
el pasaje de las esposas solas.
Todas con los vestidos ajados
sentadas al lado afuera de la puerta
esperando a que los hombres vuelvan.
Se sueltan el pelo a la hora
en que los muertos húmedos
juntan restos de naufragios
amoblando casa como ellas soñaban
y buzos de mangueras perforadas
buscan alivio en el fondo del mar.
Repica interminable la campana sumergida.
Mientras los vivientes descansan
deambula por el barrio el puñado
de voces.
Vuelvan, se lamentan las viudas,
recuperen la carne de sus huesos.
Pero cómo regresar de las olas vigilantes
cómo brillar después de tanto oscuro.

PAISAJE

En horas de la noche
el vientre y la tetera
son el único paisaje disponible.
Cruzo las manos y cabeceo sobre el rescoldo.
Apreciado instante en que los otros
        aflojan el cerco en torno a mí.
Los amores que me rondan
pierden substancia.
Con hebras de colores
voy bordando el lienzo de la espera.
Aparecen imágenes, caballos pintos
esquinas lluviosas, niños voladores
y tu hermosa cabeza siempre inconclusa.

PANEO BAJO EL MAR

Mi compañera de infancia abraza
al joven poeta Velásquez
en medio de una hilera de casas sumergidas.
Sostenido por la cercana densidad
de la madre
señala una galería de retratos
donde reconozco apenas algunos rumores:
el ruido de una lancha que se aleja,
ceremonias de iniciación,
nuestros primeros libros.

Lagrimea la evidencia de que todos
            se han ido
y las casas se destablan al compás de
            las olas.

DESEO

El deseo es un barco poderoso
arriando anclas y cadenas
en medio de la noche.

Estallando con el estrépito de las posibilidades.
Bajo el silencio crispado
el ansia apenas perceptible.

Es también el despliegue de luces
en las islas de canales tan angostos
donde un barco, más que navegar
acaricia.

DE *EN LUGAR DE MORIR*

1987

Lo que amamos se deshace
en noches vacías como domingos.
Nada hay que pueda llenarnos el corazón.
Nada.
¿Qué podemos hacer
si lo más bello es lo que no ha pasado?
Apenas temerle al minuto sin sombra
volvernos caracoles
y rodear el universo de dos metros
con un hilo de plata
o esperar que la gracia caiga sobre nosotros
derramada como una copa de vino.

Vendrá en un bote a vela
o en un paracaídas.
Gracia de las gracias.
Todas tendrán el regazo dispuesto.
Todas.
Y yo, pobre tortuga picada de muerte,
tiemblo esperando a Ganímedes,
el imposible y definitivo Ganímedes
             de la copa desbordada.

A la belleza de las otras
debiera sacrificarme
como quien se saca el sombrero
o hinca una rodilla.
Pero no, hermoso volador,
no veré pasar la vida sin coronas.
No, al relámpago sin sueños marítimos.
Cantarás para mí.
Soy el águila a quien embriagarás
por los siglos de los siglos.

Cae la lluvia como un golpe de suerte
y me he asomado a verte, nube negra.
Ellas abren los paraguas
como si fueran sus piernas.
Yo sonrío despacito Ganímedes:
me has dicho que no todas las aguas
son la verdadera.

Los hombres dicen que el gran universo
prendido en la noche
es lo único más grande que ellos.
Dicen «no vendrá» y ríen estrepitosamente.
Pero nosotras sabemos que se miran
preocupados y nos aman
        (como nosotras no podemos amarlos).
No saben qué hacer
cuando cerramos los ojos.

A veces somos el mismo globo roto
en mitad del universo.
Un volantín sin hilos
　　　　y sin niño.

Los años se encienden
y se van sobre nuestras cabezas.
Flotan en el aire las palabras para decir
al borde de la última mirada a la ciudad:
Allá abajo está mi padre
y los días en que odiaba.

Sabremos que la paz es el cansancio
cuando no quede piedra sobre piedra.
Estaremos donde nos deje el último temporal.
Sin nada que esperar, Ganímedes,
solo la muerte sostendrá la mirada
solo la muerte irá cayendo
      cayendo
           cayendo
con dulzura de amante.

Éramos los elegidos
la gran familia del pan inagotable
que cantaban a voz en cuello los profetas.
Tú y yo los escuchamos todavía
desde esta ciudad más pequeña que el mundo.
Los escuchamos,
no para creernos el viejo paraíso
(tenemos demasiados siglos de intemperie encima)
pero sus palabras tienen la solemnidad
que queremos para nuestras pobres esperanzas
sus palabras eran divinas como la noche
y el pueblo las seguía.
Hoy, que no tenemos profetas
y apenas podemos con la desgracia
de estar abandonados,
los escuchamos
con la terrible convicción
de que el dolor es el único lenguaje
que traspasará la historia.

Todo lo hemos perdido
la primera visión, el dolor con dignidad
la mirada complacida de los dioses.
Ya no somos capaces de ofrecer sacrificios
para ganarnos la permanencia.
Éramos los elegidos
y aquí estamos, parados
en mitad de este siglo
con el alma descosida
mientras explotan las desgracias a nuestro lado
como bombas de tiempo
condenados a los cantos lastimeros
a esta vida llena de consuelos baratos
mirándonos los unos a los otros
sin saber qué hacer
con estos días que a veces parecen tan largos.

¿Dónde se fueron
los que no podían guiarnos en la noche?
¿Dónde los hermanos
que soñaban con la tierra prometida?
El terrible Cronos
nos ha ido quitando el asombro
y la vergüenza.
El terrible Cronos
nos empuja vida abajo
donde la única verdad que permanece
está clavada como las cruces en la tierra.
Pero henos aquí todavía.
Unos cuantos agonizando con los ojos abiertos
con el corazón pidiendo a gritos
volver a vivir el viejo ardid
de creernos elegidos.

(YA NO VIENES A ILUMINARME)

El preferido de mi corazón pronunció mi nombre
una tarde sin quebraduras.
Dijo «Nunca cambiaría la casa de mi padre por ti».
Y yo soñaba que era el más grande
porque no lo vencía una muchacha.
Pero el asalto del mal astilló cada uno de los sueños
desató techos con soplidos de animal sacrificado.
El viento arrecia. Corren niños despavoridos.
El mundo fue tan grande como para perdernos.

Fue natural colgarnos de los dedos
    y despertar tu cólera.
Ese ha sido el verdadero ajenjo.
Es que no éramos intactos,
siempre la amenaza de tu lámpara apagada en la noche.
De cualquier modo, doblamos el cuerpo.
Estábamos todos en ese vaso.
Algo hice
        mis hermanos se arrodillan
        ante vidrieras luminosas
        muchachitas duermen
        con granadas en las manos
        helicópteros tordos
        bloquean la luz de la ventana
me estremezco enroscada en el centro de la culpa.
Y vences
y lo anuncias con atronadoras trompetas.

La ciudad es ojos torvos, cara pintada, piernas fláccidas
atacando a muchachas como esta.
La abandonada ciudad que habitas.
Ayer no sabíamos nada de ti
　　　　y hoy pretendes dormir en mi cama.
Cuchillo en la niña de los ojos.
Soplaste mi casa y la hiciste tierra sobre tierra,
cortaste de mi cuello el collar del porvenir.
¿Qué más? Este es tu reino.
Una pobre mujerzuela que te recibe
encogida de hambre y frío.

Salgo de la caja con un vestido estampado.
Parada sobre una pierna
observo la ciudad que gira sobre mí.
Un día por venir se acerca vestido de fiesta
y me toma de la cintura.
Bailamos entre los tarros basureros.
De los bares salen wurlitzers con añejas canciones
y borrachos pegados a las ranuras de monedas.
Los abandonados ocupan las calles.
Bailamos.
Es la fiesta más triste del mundo
alegría que dura lo que el cielo
congelado en una foto de bordes enrojecidos.
Mi padre esconde la cara detrás de mis poemas
y tú, con los ojos lanzados como piedras,
pretendes saberlo todo de mí.

A veces la ciudad es dulce
y alzamos entre la gente que se ama
la bandera de la despreocupación.
Nada puede herirnos
ni los suplementeros que vocean desgracias lejanas
ni los cementerios donde vamos con flores
llamando por sus nombres
a Irene, Juan, Alfredo.
A veces, cuando la ciudad es dulce
quisiéramos regalarle una cinta
para recordarla con los cabellos arreglados
de los días felices.

Te hubiese amado ojitos de alerce.
Cada instante una recogida de estrellas
        para jugar a las bolitas.
A pesar de los ríos desbordados
        y de nuestros pobrísimos hermanos.
Te habría enseñado a amarlos
a poner tablones entre los supermercados
abrirles las puertas para que bajen en rodadas
        latas de conservas, pollos, leche.
Y tú sosteniendo las puertas.
Ay! si hubieras estado, yo no escucharía
la radio acostada con los ojos cerrados.
        Te estaría buscando en las listas de desaparecidos.

Para estar aquí hace falta estar vencido.
La llovizna ilumina un pueblo miserable
donde se inauguran calles de piedras.
Un torbellino se agita sobre el descascarado cielo
buscando algún orificio, un cristalino paso
para expandirse.
Hay luces al otro lado de la isla.

Han sido los días el enemigo que esperaba
y me ha venido una ternura de pobre cielo
queridos hermanos y extrañada vida.
Digo ahora estas palabras
extendida y dulce
esperando el último resplandor
para sentirme entera.

DE *CANTO DE UNA OVEJA DEL REBAÑO*

1981

OVEJA A TROPEZONES

Tengo miedo.
Miedo de los malos caminos
de las equivocaciones que reciben
a brazos abiertos nuestros sueños.
Espero más de lo que puedo decir
y desde que dejé de ser posibilidad
ante el abismo de ojos detenidos
siento una brumosa sensación
de amarras y telarañas.

UNA OVEJA A PUNTO DE DESCARRIARSE

He llegado a sentirme profundamente sola.
Lo pensaré más adelante.
Mientras tanto, caminando, puedo soñar
con grandes ojos amarillos.
Este portal es demasiado para
la calle solitaria.

CEMENTERIO ALEMÁN.

Imagino jovencitos rubios
trayendo flores a muertos que jamás vieron en vida.
Inútil tentativa de convencer al mundo
de una inmortalidad que no existe.
Tampoco en eso quiero pensar ahora.

UNA OVEJA QUE NECESITA DE OTRA
PARA SALIR DEL REBAÑO

Escarbando en las calles
vamos buscando algún asidero.
Somos muchos rostros congestionados
con un resentimiento que perdura
más allá de búsquedas y encuentros.
Entre cuadra y cuadra
sonreímos cada vez menos,
con menos convicción.
Sacúdeme por favor
no quiero abandonar
la última bandera.
Sé que puedo seguir hasta el final
pero otro muerto que arrastrar
va a ser demasiado.

OVEJA ANCIANA

Puedo decir
que he gozado mis días largamente.
He comido, bebido y bailado
sin desperdiciar minuto.
Estaré lista cuando llegue el día.
Fui feliz.
Eso es todo.
No importa que nadie lo recuerde.
La gloria también cae a la tierra
y los implacables gusanos de la muerte
no obedecen ni a los pastores siquiera.

SU MAMÓN...

Un día heredaré la fortuna de mis padres...

GRITO DE UNA OVEJA DESCARRIADA

Lo que hace tristes
y estrujados de muerte mis gritos
es lo apremiante del tiempo
y lo equivocado del camino.
La sensación de ver fantasmas
en cada rostro.
Tengo extraños síntomas:
sangre espesa en la boca,
fotos de niños moribundos
aparecen corcheteadas en mis ojos.
Se abrieron de golpe las ventanas
y tuve que arrancar del rebaño
los dolores del planeta
persiguiéndome como perros.
Segura de lo que dejo,
espero vientos definitivos.
Abandono la sonrisa insulsa
desprecio las fotografías viejas
de vacaciones viejas.
No quiero casitas hechas de ahorros
y olvidos esenciales.
No más indolencias frente al universo.
No salvadoras limosnas
ni servicios relucientes
ni autos para dar vueltecitas
por los alrededores.
No a los trituradores eléctricos de sueños.
No puedo seguir
estirándome en los dones divinos.
Hay que salir a la calle
y zarandear a todo el mundo.
Cualquier cosa es mejor
que verlos bailar salsa u otro similar
al compás de los siglos.

II

HIJOS

(1991)

HIJOS

Busquemos un lugar
para incluirnos entre los inmortales. Un nidito
en la trizadura del tiempo.

TRAVESÍA

La geografía de mis interiores
                    a tu disposición
tripulante amado.
Para que vayas bordeando los puertos
                    de las gastadas vísceras.

El de crecidos ojos
                    recolecta brújulas, mascarones de proa
revisa los velámenes
y emprende el viaje.

Para adormecerlo, repito nombres
de islas mancornadas, lluviosas
        resplandecientes de estrellas
                    y abandonadas.

Así,
        el archipiélago va quedando señalado
por viajeros intrépidos que revelan los misterios
de una tierra tan poco parecida
                    al paraíso.

CHACAO

Se acerca una ciudad navegando
con las ventanas abiertas.
Estoy lavando pañales en bordemar.
Me sacudo las algas para mirar sus afanes,
                    son cientos,
hijos buscando una madre
                    que cuelgue el sol
del que será su puerto para siempre.

LACAO

Aquí confluimos hacia la única estrella.
Volquémonos amado mío,
dejemos caer los remos
hasta donde la noche no existe.

DOÑA SEBASTIANA I

Bajo el puente Pudeto,
en lo más profundamente azul,
hay un cúmulo de penas sumergidas.
En las tardes
varias mujeres hunden sus canastos
y el agua se escurre en el tramado.
Siempre temo que alguna
aprisione y recupere
las miserias que me ha costado tanto
amarrar a una piedra
　　　　　y tirar desde la costa.

DOÑA SEBASTIANA II

Todos los hijos debieran ser míos
morenos, azules, de atrevidos ojos
inquietos
explotando en mí a cada movimiento:
si salto, un hijo saliera despedido cielo arriba;
levantando los brazos
el viento se llevara un par
                    de soplidos festivos.
Hijos lúcidos
hijos para llenar este pueblo abandonado.
Hijos confundidos de luz
cálidos, invencibles.
Mirando caer la lluvia
mi vientre se abultara en cada gota.
Hijos transparentes.
Veo a uno que me atará a su flanco
para vadear temporales.

DOÑA SEBASTIANA III

Las lomas de Ahui
aquí, frente a nosotras, hija y madre
parecen un amante rendido sobre su flanco.
Pero –sabemos– están llenas de fuertes herrumbrosos,
no podremos defendernos
y vencedoras de tanto
acabaremos siendo pequeñas lanchas veleras
capeando temporales en su orilla.

LACAO

Cuando sobre la noche de Ancud
me alzo a contemplar qué haces,
inundan mis ojos las imágenes
                    de un país que no conozco.
Estatuas.
                    Inmóviles palomas.
Y el cántaro de sueños
repleto de lluvia.

CAUCAHUÉ

A propósito de las vicisitudes
recorro amorosamente las casas
con la esperanza de hallarte entre las tejuelas.
Cada clavo es bello en el orden final.
La suma de todo te devolverá a mis brazos
como la gaviota que se posa sobre la catedral
cada tarde.

QUINCHAO

Ningún lugar es tan bueno como este
donde el rencor es un barco a la deriva.
Serás deslumbrante, colmado de historias;
un viviente que paseará por las islas
la alegría que hemos bordado trabajosamente
a pesar de los depredadores.

LLINGUA

Tremendo es sentirte
presionando desde la oscuridad.

Habré de verte, inevitable,
doblando las calles
las mismas esquinas
donde tu padre y yo nos guarecíamos
        de lloviznas interminables.

CHEQUETÉN

Y los nombres.
Dónde encontraré nombres,
palabras como lunares de plata
que iluminen el encuentro
                    en la noche del mal.

BUTACHAUQUES

Colgada en el respaldo de estos años
dejo fluir a otros vivientes.
Tal vez el desmoronamiento permita
que contemple hijos enormes
extendidos por el paisaje.

AUCAR

Cada célula fortalecida para la misión
de caminar sobre despojos.

En el hábito de mirarte
se nos va la vida.

MECHUQUE

Voy a pararme al otro lado de la isla
para mirarte crecer más alto que las iglesias,
más ancho todavía que los espinillos
y, como ellos, hermoso
                    pero encendido de peligros.

No me cansaré de cruzar el canal
para palparte y mirarte
aunque me vaya confundiendo con tantos náufragos
que huyen de los invasores.

AÑIHUÉ

Crezco a través del territorio.
Como piedrecitas se disgregan los vástagos
en los caminos que ya son surcos,
      que son líneas, que se pierden...

BUTACHAUQUES

En el sueño
mi hijo se cruza con carapintadas
que allanan poblaciones.
Reconozco sus arcos y flechas infantiles
y lloro encogida
mirando el blando cuerpo
                    lloverse, recibir el embate del odio
                    tan desprotegido de mí.

AULIN

Les sirvo mis menudencias
mientras me arrebatan tiernamente
        el país que he habitado tanto.
Nada, ni mis dolores me dejan conservar.
Me someto apegada al amor.
Y qué clase de amor es este.
La hermosura me vuelve indefensa.
El miedo es una suave neblina
        en la que desaparezco.

AÑIHUÉ

Hermoso se ve trepando dolor arriba.
Y quién lo amará tanto,
a él, que aprende a transitar este país.

TAC

Mis jovencitos andan bajo la lluvia.
Ausencia se llama la noche.
Sus voces entrando por las rendijas
preguntan por los muertos.
Para que sus palabras tengan el peso de los años
un eco grueso detrás de la intención.
Sobre el país que se arrodilla
abjuro del humo y la vulgaridad;
   por todos los míos que vagan incompletos
   para que encuentren el sosiego de la tierra.

CHENIAO

Ellos no saben de agresión todavía
y yo deberé ahuyentar a los jotes
que los rondan.
                Cada pedrada, me envilece.
                Tantos ojitos lastimeros posados
                sobre cadáveres.
Después
                serán jueces implacables.

CAGUACH

Esperaba que los demonios dejaran
de horadar mi corazón.
Las polillas consumen lo que me queda de abrigo.
Trato de proteger a los niños de mis ojos.
                    Trato de ver los destellos luminosos.

TEUQUELÍN

Te miro deslumbrante a partir de mi caída.
Eres poderosa, hija.
                                    La única.
Ningún diminuto podrá mirarte a los ojos.

APIAO

Pequeñita mía, te alargas en la noche
sola en tu viaje
donde quisiera ser más que la barca portadora.
El mar del encantamiento
arremolinado en torno a nosotras.
Muy juntas atravesando olas gigantes
hasta cualquier faro que alumbre
        el porvenir.

CHAULINEC

Pensemos en los años que vivimos
desterrados de hijos.
El padre responde nimiedades
           ajeno y cabizbajo.
Me enternezco por el hombre que era
antes de que el tiempo
           hiciera saltar las defensas.

LINLIN

Expresada en tus ojos
la quietud es el infinito.
El instante en que reconocemos
la huella de los siglos
en los imperceptibles surcos de las cosas.

Ese sosiego tuyo, hijo,
es el peligro de desconocerte,
de acatar las leyes espaciales
y no ser una contigo.

La pesadumbre de amarte
desde la estrechez de mis brazos.

MEULÍN

El rencor me levanta y mi niña
cree que surge una montaña.
Ojos aparecidos arrojan heces.
Qué haré con mi cara manchada.
Cómo andaré delante de los que amo.

QUENAC

Cuando ames
podrás alzarte desde tu amor
y mirar los remotos días.
En ellos estaré, joven otra vez
y apenas te alcanzarán mis palabras.
Pero debo estar alerta
para volver a temblarme
y pasear en ti por calles anegadas.

Tu cuerpo asumiendo mi cansancio.

ALAO

Es mi hija la que acude
desde tiempos remotos
para acariciarme lentamente.

Desearía que el universo se estacione
aún a costa de catástrofes siderales
porque ella no se aleje
para que su mano permanezca
                    como un bálsamo.

NAYAHUÉ

Puedo tocar los siglos por venir,
acariciarlos sintiendo que dejo una señal:
tus ojos que miran a través de las cortinas
mientras me deshago.

Tú serás, después del fin,
                    el esperado.
La necesaria voluntad.
Ese resquicio que me reconcilia con los que odio.
Tú serás.
Estás equipado con lo luminoso.

CHAULÍN

Esa miradita tuya alejándote del muelle.
Una pequeña huella blanca
señal del desapego paulatino.
De a poco, yéndote.
Todas mis ventanas, edificios públicos
al alcance de una pedrada.

El perímetro de mi vida
llenándote el globo del ojo
y después
           desaparecida.

ACUI

Darle un mapa del archipiélago
señalarle los bajos, las corrientes
las marcas de antiguos naufragios.
Toma el mando y ándate por las orillas
–decirle–
y luego, amárrate al timón
                    y no me escuches.

TRANQUI

Conocerás a tu padre.
Él es un callejón de casas altas
                    y ventanas oscuras.
De estas que hay en las islas.
En la última ventana, una luz.
Y uno recorre toda la calle
y todas las piezas
buscando esa luz.

CHELÍN

Es una dulzura lamer a este
cuando caen sus ojos sobre los objetos
como haces de luz.
       Tiembla el polvo un segundo antes
       de estar bajo el poder de su mirada.

QUEHUE

El padre antes de ti
colgó el sol sobre lo que sería tu cama,
para que siempre lo tuvieras al alcance
                                    de tus ojos.
Amanecíamos hablando de la lluvia
de plazas imposibles.

La imagen que perdura
es una mujer llorosa
rodeada de hilos que se cortan.

PUQUELDÓN

¿Saldremos indemnes?
Aparecimos en el ojo del huracán.
El temporal esparce casas
por sobre islas aledañas.
Repoblar, establecer otro orden
en los pueblos miserables.

A lo lejos, el continente estalla
       en numerosos goces.
La pobreza obliga a soñar
         sueños ajenos.

VOIGUE

Otro hijo me viene.
Bastará que transite sobre la escoria
y estará entre los demás.
Los destellos del amor
                                    rondándonos.

METALQUI

Esparcido por doquiera que voltees la mirada
habrás de hallar mi amor
empeñado en sostenerse
                    con tu bandera al tope.
Hija estrellada
luminosa dirección
de tantos sobrevivientes.

LEMUY

Dando vueltas a la punta de la isla
la cruz se eleva sobre casas desteñidas.
En la rampa, apiñados, hombres y mujeres
son menos que árboles y cercos.
En una embarcación subo mis penas
y doy vueltas al timón.

La esperanza es que navegue
hasta encallar
                    no sabemos dónde.

METALQUI

Navajuelas machos y hembras,
cangrejos, cochayuyos, hasta piedras
guardaré.
Para contarte de la isla,
cómo era antes
               de los depredadores.

ISLAS DESERTORES

Cada hombre fue un hijo
y ahora es solo un hombre.
Perdidas madres lo buscan
en todos los desvíos.

CHUIT

Se volvió el hijo contra los mayores.
Del pueblo llegó extraño
avergonzado del fogón y las siembras.
No quiere sentarse a darle pan a los pollos
buscan los viejos palabras para hablarle
preparan el salón de las visitas
juntan pesos para los nuevos gustos.
Lo miran reconociendo alguna huella
cualquier cicatriz de las astillas del tiempo
o picadas de quiscales en las manos.
Y descubren que las tiene:
cada marca de la infancia
que ellos, los otros le miran en el pueblo
con un poco de asco.

NO SE CRÍAN HIJOS PARA VERLOS MORIR

Cuando el mar se llevó a sus tres hijos Ella
estaba acodada en la puerta de su casa, pensando
en ollas aladas y repletas. De pronto cayó en
un vacío del que surgió vieja y encorvada. No
necesitó entrar para vestirse de negro. Ya estaba
recogiendo flores cuando salió su hombre con la
radio en la mano, desamparado y tembloroso.

Ella es una sábana flotando sobre nosotros.
Nada detiene el remolino que alienta su vuelo.
Desde su vientre deshabitado
los ovarios violeta se abren como flores nocturnas.
La ansiedad es un arrecife
donde acerados corales hieren los cuerpos amados.

Sin hijos bajo sus ojos
quisiéramos las madres
ofrecerle un trozo de pañal
para vendar sus muñones o un arca
donde recoger los salados restos.

III

RATADA

(2005)

*Mi madre dice que cuando uno tiene
una pena muy grande o mucho miedo,
se le llena la cabeza de piojos. Ella lo
ha visto: Todos esos bichos están
dentro de uno, eso dice.*

(EN ESAS PLAYAS)

Aquello que se azota en lontananza
como un gusano partido en dos,
ese oscuro caserío, borroso aún,
te hace saltar el corazón
porque ya sabes o intuyes:
ahí dejarás buena parte de tus días.

En esas playas
todo termina por secarse.

(HUELE A ESENCIAS)

No esperen una postal amable
deste pueblo de mierda.

Aparte del mar encabritado
además de las ratas
      devorándose entre ellas,
aún después de los cadáveres,
el asunto huele a esencias.

Para estar aquí
hace falta estar vencido.

(NADA LES ILUMINA MÁS)

Ningún movimiento en el follaje.
Ni pájaros baten alas
ni suena el río en su tajo.

Se diría un cristal enverdecido
esta tarde ardiente.

A orillas del mar
soldaditos montan
a las chicas del pueblo
mientras espían los hijos
de contingentes anteriores.
Son niños sin barcos
cruzándoles las pupilas.
Nada les ilumina más
que el hallazgo de una rata viva
a quien sacarle los ojos.

(AY SU BISTURÍ)

El doctorcito y su bisturí
besando a orillas de la playa.

(promiscuidad de las playas
tantísima variedad de acoplamientos)

Abrazos urgentes en la arena
envases vacíos   botellas   bolsas.
El deseo peleando su lugar
contra el pelaje gris que se extiende.

Ay su bisturí.
El pantalón del doctorcito
su abotonadura a punto
                    de reventar.

(RUMOR DE CARNICERÍA)

Despierta el pueblo
en su gris acostumbrado.

Rumor de carnicería
y sangre goteando desde las presas.

Tras el vidrio enrojecido,
tras el filo del cuchillo,
un gesto dulce atraviesa la calle
y se deshace, mínimo
    en la espesura del aire.

(AL OLOR DE LA DESGRACIA)

La aridez de las huertas
terminó por cansar a todas.
Nada, ni las zanahorias
crecían en ese pedregal.

Partirse el lomo
por un puñado de cilantro.

¿Y las flores? dirán.
¿Y esas dalias enormes, como árboles?
No me recuerden a esas carnívoras.
Parecía que lustraban sus pétalos
al olor de la desgracia.
Crecían,
      se abrían
movían sus estambres
a medida que íbamos cayendo.

(PENDONES DEL DESEO)

Se cuelga trapo azul en una estaca
para que no se extravíe el amado.

Un abrazo clandestino se prepara
cruza cercas, arriesga pie en los zanjones,
espía las entradas de las casas.

(miran hacia otro lado los vecinos
para todos hay señal de acoplamiento)

Pendones del deseo agitan sus hilachas
cada mujer
lleva un pañuelo de colores
entre los pechos.

(RIEGAN SUS DALIAS GIGANTES)

Un espeso olor a semen
se descuelga de los techos
escurre y se apoza
en la puerta de ciertas casas.

Las esposas sorprendidas en adulterio
riegan sus dalias gigantes.
Simulan no oír/ no oyen
el insistente golpear del hacha
en el patio trasero.

Hay días en que se puede caminar
sobre el odio endurecido.

(SU BOTÓN)

Es tiempo de celo.

Perro y perra en medio
de los tarros basureros.
Montado el macho
chillando ella espantada
de la jauría que se acerca.

La vaca amarrada contra el cerco:
embestida y alambre de púas.
Jovencitos restregándose
debajo de la escalera.

La más bella se prodiga
con los soldados de guardia.
Innumerables cadáveres consumidos
en su orificio tremendo
su abotagado sexo
su botón.

(LA FUERZA DEL VIENTO)

Tantas veces la fuerza del viento
en ráfaga iracunda y el agua
        desclavaron   rompieron.

(cuando todo es oscuro
apenas se respira
contraídas las carnes)

Esperábamos al clarear
un pueblo otro.

Pero las calles humeando iguales
bajo un sol descolorido.
Los mismos ojos lanzados
        como piedras.
Idénticas gallinas picoteando sobras
y niños jugando en las acequias.

(HAZAÑAS Y CARRETERAS)

Tiempos hubo en que deseamos
ser conocidos por hazañas
carreteras espléndidas
viajes descubrimientos.

Pero aquí agonizan jovencitas
y niños muertos nos sobrevuelan.

(FINOS CUCHILLOS)

La ventana se fue incrustando
musgosa en los bordes.
Y ahora soy cerro
    –cuerpada amenazante–
mi sexo: este río a borbotones.
Donde otrora estuvo la risa
oyes derrumbes íntimos de piedra.

Coronada, al fin, con alba joya;
nadie reverencia esta belleza.

Desde los ojos,
                finos y helados cuchillos
                se descuelgan.

(DE ESPALDAS AL PUEBLO)

Esta mujer, a veces, adolece de odio
y está dispuesta a internarse
en la acidez del paisaje.

De espaldas al pueblo, afila uñas
y alza sus manos en amenaza.

(HINCHADOS DE BIENESTAR)

En aquellos atardeceres lunares
cuando isla y peñascos
unían sus durezas
recogíamos los pies
yéndonos en la dulzura de volar.

(a tan baja altura
se arde en deseos de subir
elevarse en planos rasantes
esquivando antenas de televisión)

Hinchados por el bienestar
reblandecidos
ofrecemos el costado
a cualquier muchachito
            con su honda en ristre.

(FLAMEAN TRAPOS AZULES)

Ocurre que, mirado desde arriba,
seduce este camino: un hilo entre el verde
que desemboca en el pueblo arrinconado.
Un aviador italiano, alguna vez,
bajó en la playa y se quedó para siempre.
Ahí, el fuselaje parchado, las cortinas
la herrumbrosa puerta de emergencia.

El caso es que las dalias voltean
lado a lado, engatusando
y flamean los trapos azules.
Un aire cargado de suspiros, te lo advierto,
producirá esa inquietud en el bajo vientre
y querrás bajar, oh sí.

(Así me lamía la rata
me lamía ella, saboreando)

(ALTARES DE LA MEMORIA)

Elevo este amor sobre los hombros.
(no es que valga la pena
igual se iba acabando)

Otras, desde el muelle,
empujan balsas tapizadas de rojo;
altares ardientes
cargados de fotografías, abalorios,
objetos sagrados de la memoria.

Cenizas de amores anémicos
caen en silencio sobre el pueblo.

(ENTREGADOS A LA FATALIDAD)

Bastaba, en tiempo propicio,
abrir la ventana y oler
        el cilantro que crecía.

Pero las uñas ya empezaban
a rasgar el entendimiento
y perdía uno valioso tiempo
       en temer.

Entregados a la fatalidad
desde antes.
    A su aura.

(SE ENCABRITA EL MIEDO)

Si la pasión no gobierna,
si no es el cometa ardiente que nos ciega,
entonces, el bienestar:
un sarro en el alma.

La mirada cae en escamas
y un moho apenas perceptible
se acumula en la juntura de los dedos.

Sudamos este mal.
Nos humedece las palmas
mientras se encabrita el miedo
anunciando el zarpazo.

(ANGELITO VOLADOR)

Rotura de tu cielo.
Mi cielo anillado.

Cuello que debo quebrar
cuerpo escondido tras las matas
perros que festinan el hallazgo.

Angelito volador, te me apareces
todos los días a las seis de la tarde.
Y ánima que velan las vecinas.

(SE TRIZA EL MUNDO CONOCIDO)

Primero fue una trizadura
en el mundo conocido.
Y luego, el hueso expuesto
la sangre detenida,
cadáveres sosteniendo
pocillos de cloro
                en el hueco de la mano.

Todavía despierto
agarrada la cabeza
el ojo hermético.
La palabra dispuesta a retener
este mundo en descalabro.

(VINIERON A REMATAR LAS RATAS)

Afuera, el pueblo estacionado.
La misma señora en zapatillas
cruzando a comprar
con la chauchera en la mano;
el mismo taxi
salpicando agua sucia
niños escarbando con un palo
las pozas de la calle.

La imperturbable estatura
            de los cerros.

Solo en el páramo interior
se acumula el devenir
y el cuerpo escupe rictus,
arrugas, agarrotar de huesos.

Tuvieron que venir a rematar las ratas
porque esto iba para largo.

(EL DIENTE FILOSO DE LA RATA)

Hay ojos que brillan bajo el polvo
y dentro de las casas derruidas.
Destellos
breve fulgor en este pueblo
             que merece el hastío.

En sueños, el paisaje esplende
pero la costumbre
agazapada detrás de las puertas
anticipa el miedo.
Miedo de que a esta vida de privilegios
la empiece a roer por una esquina
la filosa aguja de la rata.

(ANGUSTIA QUE GOTEA)

Y era esto lo que preñaba
a la vaca enorme.
Esta, la angustia goteando,
el odio a la estufa, al letrero luminoso,
la taza estrellada contra el suelo
los desperdicios
      constantes infecciones en los ojos.

De ahí el afán premonitorio,
como adivinar qué canción
iban a dar en la radio o quién
golpeaba la puerta
o por qué iba a llorar el martes.

Soñé funerales y sufrí en todos
      de doliente.

Era esto.
A todo color, en pantalla gigante:
el alma y su fractura
      comida
      saboreada por las ratas.

(TAN ENORME PLAGA)

Tan enorme plaga que las madres
no dejaban salir a los niños.
Perros y gatos se escondían.
Poníamos paños húmedos en las puertas
para que no entraran las ratas.
Se caminaba entre lauchas.

Se hicieron canales profundos
para aislar las casas.
Tambores. Hoyos con tiestos de cloro.

En su agujero, la rata
    —peladura en el lomo—
mira lado a lado enferma
también por la náusea del exterminio.
Se comió a todos los suyos
y ahora trepa por el respaldo
                de esta silla.

(CUÁNTO ENLOQUECE TU SABOR)

Abandono sin probar
cuánto enloquece tu sabor.
El muro de contención tiene fisuras
y siento en el pezón aire caliente.
Borroso ya tu hueso omóplato
         esos nudillos.

Siguen entrando las ratas.

(A LA HORA DEL JUICIO)

Don José en primera fila
gritando a voz en cuello
«esto es el castigo
por todos los polvos
que me eché con la virgen».

Recuentos a la hora de la muerte.
Tristísimo don José
engominado y con su terno brilloso
de profesor primario.

(Y SOBREVINO EL OLVIDO)

Bebí también del pozo envenenado
y sobrevino el olvido.

Hirviente el suelo.
Muchos miles, grises, chillantes.

Las señas mezquinas
del pecado. Su marca.

(UN TIEMPO QUE SE ACABA)

Insistente bramido de vacunos
rebotando en los troncos del bosque.

(eso que parecen vacas
son sierras que talan,
el quejido es de los árboles)

Mean las bestias aterradas
fijando límites
      marcando presencia
en este territorio
      que se acaba.

(MORDIDAS EN EL BORDE DE LA HOJA)

Islas de ratas en los lagos.
Ratas comiéndose las cosechas
las gallinas, la corteza de los árboles,
entre ellas
y las papas, manzanas,
todo
hasta los cerdos encerrados en su corral.

Mordidas finas, persistentes
en el borde de esta hoja.

Entonces,
un fuego obligado cae sobre los cuerpos.
Chisporrotean en alta llamarada
cerros de pelo
       (ese olor sobre el pueblo).

(SEÑALES INÚTILES AHORA)

Inclinado alrededor del cadáver
el grupo se cierra en rosario monocorde.
Uno a uno se enumeran indicios:
              panes quemados en el horno
              quebrazón de platos
              pájaros ahogados en el pozo.
              El súbito aguacero
              sobre la ropa colgada.

Boyas inútiles a esta hora.

Y ya atentos a la amenaza
se palpan, disimulados,
celebrando el calor de estar vivos.

(EL AVIÓN EN LLAMAS)

Como pájaro agorero
el avión en llamas fue a caer
en medio de la plaza.

Ala negra rozando las cabezas.

Luego de las lágrimas los pésames
del penetrante olor a dalias,
los dolientes se llevan asientos
relojes perillas restos de fuselaje.

Vaciado ya, aún palpitante
exhibe el vaticinio que lo trajo:
todas esas ratas trepándole
        la nervadura.

(VENCE LA PEQUEÑEZ)

Las vulgaridades en tropel
agitando sus pequeños dientes
hacen presa de los hijos menores
plenos de carne, huesos tibios.

Flamean restos de papel plateado.
Se descascaran las fachadas de las casas.

Majestad que nos falta, también,
a la hora de caer afiebrados.

(TAL VEZ OTRAS CIUDADES)

La gracia ha de caer en llamaradas
sobre las ruinas
sobre cada árbol, cerro, hendedura.
Un santo oficio sobre la naturaleza.

Y tal vez mi cuerpo
                con sus grietas y copas
                se levantará otra vez.
Armaríamos entonces otras ciudades:
estas tan frágiles hicimos.

(HASTA LAS RATAS HUYEN)

Crucé la plaza atormentada.
Ninguna huella de la santa.
Hasta las ratas huían
del temporal en pleno aumento.
Y un torbellino de hojas
arrancadas del suelo
dificultan la vista.

A lo lejos
una figura suspendida en el aire.
(no puedo asegurarlo)

Lo último que veo
entre pestañeos desesperados
es un letrero en la ventana miserable
«Dios ama a esta familia».

IV

VETERANOS

(inédito)

Sabemos que tenemos el coraje de los asesinados
y los crucificados por ideas, la dignidad antigua y categórica
de los guerreros de religión, pero los huesos síquicos flaquean,
el espanto cruje de doliente y se caen de bruces los riñones,
los pulmones, los cojones de las médulas categóricas.

PABLO DE ROKHA

He aquí el cuerpo.
Digo: este es el diente molar
un molar activo que ha concentrado todo el presente.
Su latido de agujero negro.

Se alejan las humaredas
sirenas
rumores exaltados
el cimbrear de los ciruelillos jóvenes.

Todo se vuelve encía   raíz descompuesta
nervio vivo

Desaparecen   ya no dan pelea
ni siquiera escupen su rabia
cercados en sus propias casas
la fealdad del abandono
obligados a escuchar los autos atravesando la noche
estallidos   fogonazos   tubos de escape libre

Vocerías de jovencitos que ocupan el mundo
                              con su épica de poca monta

Asumo la decrepitud con estoicismo, dice
pero no es cierto.
Se duele   descompone.
Rígido y feroz
        va dejando
la queja flotante de su sombra.

Sabe que si se paraliza,
                        muere

El veterano tiene la palabra.
Los jóvenes le piden consejos
        cómo ofrecer el cuerpo al dolor
recetas para decir,
            secretos hallazgos
quieren acortar camino.

Cuídate de querer ser siempre joven
            murmura, rencoroso, el poeta

No quiero ser mayor, dice el hijo
no quiero una boca negra ni trapos sucios
ni estar parado frente a una ventana
concentrado planeando la batalla.

Se construyó un país que odia la vejez
¿También tomamos parte en esa escaramuza?

Abrevadero de niños lunares
que sueñan –igual que nosotros–
terminar el día en alto
cruzar de un extremo a otro
dejando el hueserío   un soplo
una huella dorada

Uno esperaría entrechocar de nubes
el tren de olas furiosas.
Uno pensaría que el silencio
        sería rebanado de un corte
y toda la luz del día, sorbida.
Después de tantos años el amigo muere
sin embargo, nada
solo un fuelle detenido
una expiración
un aire que fue el último.

Vuelto contra la pared
sin querer ver ya, a nadie

Desconyuntado
se encorva la columna   la cadera rígida
cadera hueso redondo
alas abiertas de mariposa anciana
suspendida de un alfiler

Vencidos ante el canto de sirenas
ojeados.

Si el pájaro te sigue   canta   picotea el vidrio
debes dejarlo entrar.

No hay alternativa

Dejé mi cuerpo detrás de mí.
Eso quería decir: lo abandoné.

De pronto, cada uno de los huesos habla
se despide.
Un parloteo orgánico inesperado
de esta máquina prodigiosa
con sus tumores y cicatrices

Pero no es de dolencias:
            quiero hablar de las manzanas
su gracia redonda
su modo de caer
            madura y alegre sobre el pasto

Pequeñas bolsas   capullos
                 atrofiados de sueños
cuelgan en el bosque interior.
Huelen a humedad los humedales.
De eso se compone el olor a viejo
de crisálidas perennes
                 insectos que pudieron ser alados

El veterano devela su propio territorio
    echa luz sobre los restos
se rinde
       pornografía de órgano que no funciona

Ahí están los veteranos con los dedos
casi cortados
                    contando las horas

La serie de veteranos se ubica en las tardes
orientados hacia el mar.
No piensan.
No recuerdan.
Entregados al olor, a los sabores
buscan con sus sentidos traposos y estrujados
parecen desconcertados
pero saben –como los girasoles–
que deben volverse al mar

Y sí, se reconocen las frases absurdas
la falta de aliento
la lengua floja y crecida
                encías ardientes

Pero no tienen paciencia los niñoscometa
No quieren acercarse
                aunque la muerte seductora
                    los haya tatuado
                también

Le estalló la rodilla   una fractura estrella.
Otro veterano que queda a la orilla del camino.
Ni siquiera puede palabrear un sentido heroico «sigan sin mí»
Nadie pensaba otra cosa. Ninguno de los hijos
se quedará a la vera.
Nadie se da por aludido, la piedra del futuro
allá lejos

Dejadme pequeñas bestias de la obligación
siniestros bichos hinchados por la sangre de mis días

No somos bondadosos, no
se agría la saliva.

En la boca
                   un beso muerto

donamos días   fuimos bellos   creímos
soltamos carnes al calor de pasiones menores

Desde este promontorio se ve todo el territorio
hacia atrás
desplegado el velamen
y roto.
Cómo aullamos por tan poco.
Cómo desperdiciamos días
en estúpidos pesares.

El cuerpo ya ni recuerda esa cicatriz
¿había necesidad de esa lagrimada?

Se cae la empalizada
el puente levadizo
pierde tensión afloja la cadena que sostiene
un recuerdo flotando como nave ciega
en el mar oscuro   siempre tormentoso.

El único diente en una encía hinchada

¿Cómo huele tu abuelo?
–Huele a manzanas –dice una– en su patio hay una arboleda
–El mío huele a flores.

No idealicen, dice otra, la vejez tiene olor acre.
Revisen.
–abandono, huelen a abandono
–Los manzanos cubiertos de barba de palo
          también

Me adelantó un muñón luego el otro.
He sufrido amputaciones, dice.
Varias.
Todas dolorosas.
Injertos que yo misma rechacé
a tirones se fueron algunos.
Lo peor fueron los hijos
lo peor lo peor lo peor
fue el hijo

Vas dejando como un reguero
modos de amar
querías el amor como un río plácido
en el que hundir los pies
Un río que acoge y refresca
descansar en su agua transparente

Notas cuando empiezas a sobrar
no hay un lugar para ti
no eres bienvenida.
Incluso, se instala un animal
en el espacio común.
Para que arañe.
Para que quede claro

Tos en la noche.
Humedad en las camas
                    piezas que no se ocupan
los hijos vienen pero no escuchan
se impacientan
miran la hora, chatean en su celular.
Sin embargo piense que para usted la vida empieza ahora.
Levántese de la cama.
La veterana siente algo escuchando al gurú.
Algo como un lejano ruido de tambores

El padre enciende la luz hasta entrada la noche
Toda la extensión de la carne
                              descansa.
Los rostros, objetos rincones
van sumiéndose en el letargo.
Sombra y mundo conversan
                              susurran.
No el diálogo a borbotones de las horas iluminadas
La palabra entrando en la oscuridad
                    haces de luz que se amplían
seducción de penumbra
que la deja entrar.
En su espesa materia
su propio mapa descubierto
su exclusiva determinación.

Se avanza con la palabra en ristre
machete desbrozador.
Una ramita se quiebra
al primer contacto
                    con esa selva

Y ahora no hallo reposo.
Aquí donde mi corazón está amarrado
alma navegante en el verde oscuro de la tarde
aún no llega la noche
pero acecha

No el arrepentimiento por los excesos, no.
Lastre será
          lo no hecho, lo perdido.
Miserable el minuto
          timorato que se fugó contigo

En el vaso, un sedimento dorado: la palabra
¿qué podría reclamar yo, la más pequeña de todas?
Abierto el delantal para recibir toda la fruta madura
los días, el agua, la risa
     todo se recibió a raudales

Ah no quise un báculo de mariscal.
Y por eso tal vez, no hay reino perdido.
Agradecida de las lunares noches
los velos incitantes del atardecer,
me concentro en el pájaro
que sobrevivió a los embates desesperados
                              contra el vidrio

Ante la casa cuelgan animales carneados.
Lados y espinazos gotean una sangre espesa
que oscurece el suelo.
Para entrar, hay que inclinar la cabeza
bajo los cadáveres expuestos.
Para entrar,
es indispensable esquivar la sangre

NOTA DEL EDITOR

Desde *Canto de una oveja del rebaño*, de 1981, hasta sus dos títulos editados simultáneamente en 2019 –*Ligia* y *Técnicas para cegar a los peces*–, Rosabetty Muñoz ha publicado diez libros de poesía, además de un par de volúmenes recopilatorios.

Misión Circular reúne, en su primera sección, poemas provenientes de ocho de esos libros y lo hace en reversa, partiendo por los más recientes y cerrando con los más antiguos. A continuación, en las secciones II y III se publican completos, aunque revisados y el primero de ellos reducido por la autora, sus otros dos libros: *Hijos*, de 1991, y *Ratada*, de 2005. Finalmente, en la sección IV se incluye entero un conjunto inédito, *Veteranos*, de reciente escritura.

Por lo que tiene de arte poética –y por su categórica belleza–, abre el libro, a modo de prólogo, «A Rimbaud», poema que Rosabetty Muñoz escribió en 1978, a los dieciocho años, y que solo había sido recogido en *Chiloé, ovejas en la memoria*, antología publicada en Ecuador en 2016.

***

El título *Misión Circular*, propuesto por la autora, busca dar cuenta del carácter no cronológico de esta antología, cuyo doble ir y venir del pasado al presente permite, creo, apreciar mejor la sólida constancia de una voz que, con sus mutaciones y exploraciones, se caracteriza desde el principio por un común denominador que podríamos definir como una llaneza intensa o, si se quiere, una intensidad llana: el arte –de formas breves y desprovisto de ornamentos– de hacer que aparezca simple lo complejo, iluminando con perspicacia lo intrincado, lo turbio y hasta lo ominoso de las relaciones humanas.

Por otro lado, dicho ir y volver en el tiempo creativo de la autora da cuenta de una poesía en la que ciertas cuestiones y paisajes tanto físicos como mentales, en vez de superarse, van y vienen, configurándose una especie de relato circular que de local tiene solo la base, pues sus alcances y ecos no son sureños sino humanos. Con la publicación de tres títulos enteros –del comienzo, la mitad y el presente de la trayectoria de Muñoz– se pretendió resaltar esta característica: *Hijos*, *Ratada* y *Veteranos*, además de ser sobresalientes, dejan ver bien sus preocupaciones más frecuentes y lo imbricadas que están en su escritura: el origen y sentido de la vida, su plenitud y desgaste, su podredumbre y fin, con la naturaleza como permanente correlato.

El concepto de «Misión Circular» –así, con mayúsculas– proviene de la denominación que recibía la estrategia jesuita que llevaba a los sacerdotes una vez al año a las islas del sur de Chile y el resto del tiempo dejaba investido de dignidad y autoridad civil y religiosa a algún habitante de la localidad. El recorrido propuesto por esta antología está pensado como una navegación por los canales interiores de la poesía de Rosabetty Muñoz que hace escalas más extensas en ciertos libros y más breves en otros («Hay aldeas primitivas», me comentó la autora al revisar la propuesta de selección), siendo varios los personajes y voces que se toman la palabra en cada parada.

***

En la primera sección se han atribuido a *Polvo de huesos* los poemas que, perteneciendo a libros hasta el día de hoy inéditos, fueron publicados a modo de anticipo en dicha antología. También se agregó ahí un poema hasta ahora inédito, «Elaboración de la casa permanente».

Se han revisado y ajustado versos, estrofas o poemas enteros en varios casos y se ha prescindido, salvo en los tres libros incluidos íntegros, de epígrafes, dedicatorias y nombres de secciones. Los poemas sin título están consignados en el índice según su primer verso, puesto ahí en cursivas y seguido de puntos suspensivos.

VICENTE UNDURRAGA

LIBROS DE LA AUTORA

- *Canto de una oveja del rebaño*, Ediciones Ariel, Santiago, 1981; Ediciones El Kultrún, Valdivia, 1994.
- *En lugar de morir*, Editorial Cambio, Santiago, 1987.
- *Hijos*, Editorial El Kultrún, Valdivia, 1991; Ofqui Editores, Temuco, 2016.
- *Baile de señoritas*, Ediciones El Kultrún, Valdivia, 1994.
- *La Santa, historia de su elevación*, Lom Ediciones, Santiago, 1998.
- *Sombras en El Rosselot*, Lom Ediciones, Santiago, 2002.
- *Ratada*, Lom ediciones, Santiago, 2005.
- *En nombre de ninguna*, Ediciones El Kultrún, Valdivia, 2008.
- *Polvo de huesos*, selección de Kurt Folch, Ediciones Tácitas, Santiago, 2012.
- *Chiloé, ovejas en la memoria*, antología, El Ángel Editor, Quito, 2016.
- *Ligia*, Lom Ediciones, Santiago, 2019.
- *Técnicas para cegar a los peces*, Editorial UV de la Universidad de Valparaíso, Valparaíso, 2019.

ÍNDICE

PRÓLOGO

A Rimbaud 9

I. ANTOLOGÍA (2019-1981)

DE *LIGIA*

Otra vez la cordillera te hace llorar. 15
El primero fue mi abuelo. 16
Hay un país remoto en el fondo de todos los días. 17
En el centro del país amado 18
Hostilidad de las altas rejas 19
La tendencia de la memoria 20
El país se llenó de gente sensata. 21
Un tren recorre el país de Ligia 22
Su cabeza está llena de palabras. 23
Entre los que afanaron el retorno, ... 24
Sin la cordillera, me perdí. 25
El nuevo país 26
(no se podía hablar de ellos 27
El susurro se interna 28
Lo transitorio preside todo. 29
Este es el país que se construyó 30
Borrar a uno del mapa 31
La luz del sol atraviesa 32

Sabían cómo herirnos 33
El tren palpitó mucho tiempo 34
Sueño cada noche con una madre 35
Mi lengua pesa demasiado. 36

DE *TÉCNICAS PARA CEGAR A LOS PECES*

Restos marítimos 39
La flor de la dicha 40
Ahora la ciudad tiene otro orden 41
(el mar, en oleadas, vomita 42
Como un cuchillo rasgando lado a lado el paisaje, ... 43
Hay días así. 44
Esta casa está perdiendo a los suyos. 45
No fuimos dignos de dormir cerca del altar. 46
A veces, todavía, la hermosura nos hace enmudecer. 47
Se termina esta parte de la historia. 48
Maldición eterna a quienes vejaron el paraíso. 49
Dijo algo que no pude escuchar. 50
Restituir a la isla su condición de madre. 51
Se termina esta parte de la historia. 52
La señora que guarda las llaves de la capilla 53
El equipo considera que restaurar 54
Los restauradores llevan tanto tiempo 55
Cuando Gustavo desvestía a la santa 56
Dice Boquita que lo peor fue Metahue 57
La gente prende las velas tan cerca 58
Boquita le habla golpeado al cura 59
Coloquio de santos 60
Romeros en romería 61

DE *POLVO DE HUESOS*

Desprendimiento 65
Anillo 66
Ciertos muertos se llevan sus objetos preciados 67

¿*Y si vence el amargo?* 68
Espesor del instante 69
Ceremonia 70
Yo, piedra 71
Elaboración de la casa permanente 72

DE *EN NOMBRE DE NINGUNA*

Esta, la de la foto 77
Todavía estás ahí, agazapada 78
El aparador muestra casi todas las muñecas 79
Cuando cayó su muñeca al pozo séptico 80
Me acuerdo del día que vinieron a pedir 81
Mi madre borda en el extremo de la mesa 82
Y esta es la Bernarda 83
Aguas 84
Basura 85
Boca de río 86
En nombre de ninguna 87
Apartar los zumbidos 88
Pequeño retrato de la ascención de un ángel 89
Siempreviva 90

DE *SOMBRAS EN EL ROSSELOT*

«*Desde el árbol veía sus trajines en el patio...*» 93
Casa de citas 94
Paisaje 95
Aire de término 96
La casa que habito 97
Afuera, un árbol 98
Las furias 99
Zona de sombras 100
Escenario 101
«*no, si yo nunca entré...*» 102
Festivas 103

Detrás de las puertas 104
Presencias 105
Sombras en El Rosselot 106
Espectros 107
Las otras 108
Amatorio 109
«Ahí donde usted vive...» 110
Vigilia 111
Huellas 112
Absolución 113
Gracia 114
Arqueo 115
Amenaza la mudez 116

DE *LA SANTA, HISTORIA DE SU ELEVACIÓN*

La santa orillada y lacrimosa 119
La santa ardió por los costados 120
Hace tiempo mis hijos 121
Lo sucia que me han dejado 122
El miedo que se apoza en el fondo de los ojos 123
Los vi a través de las mantas 124
Reunió a sus hijos 125
Soñaba que la felicidad 126
La elevación 127
Se armó el velorio de la santa 128
Sintió florecer las quilas 129
El vendaval de la santa 130
Ahora viento huracanado 131
La corona que ceñía su cabeza 132
Me ha enamorado 133
Anuncio de estrellas 134
Despojada de piel 135
Mi útero rememora 136
Soy polvo sublevado 137
Al tacto de la madera se desprende 138

DE *BAILE DE SEÑORITAS*

El arribo 141
El mujerío 142
Mujerío I 143
Mujerío II 144
Mujerío III 145
Tiempo de sosiego 146
El sitio donde palpita el mapa 147
Precariedad 148
Pisadas en la arena 149
Todo vuelve a su cauce 150
Castidad 151
La rezadora 152
Las casas de los muertos 153
Del delirio 154
Lindes 155
Las ciegas 156
Las vecinas 157
Barrio de viudas 158
Paisaje 159
Paneo bajo el mar 160
Deseo 161

DE *EN LUGAR DE MORIR*

Lo que amamos se deshace 165
Vendrá en un bote a vela 166
A la belleza de las otras 167
Cae la lluvia como un golpe de suerte 168
Los hombres dicen que el gran universo 169
A veces somos el mismo globo roto 170
Los años se encienden 171
Sabremos que la paz es el cansancio 172
Éramos los elegidos 173
Todo lo hemos perdido 174
¿Dónde se fueron 175
(Ya no vienes a iluminarme) 176

Fue natural colgarnos de los dedos 177
La ciudad es ojos torvos, cara pintada, piernas fláccidas 178
Salgo de la caja con un vestido estampado. 179
A veces la ciudad es dulce 180
Te hubiese amado ojitos de alerce. 181
Para estar aquí hace falta estar vencido. 182
Han sido los días el enemigo que esperaba 183

DE *CANTO DE UNA OVEJA DEL REBAÑO*

Oveja a tropezones 187
Una oveja a punto de descarriarse 188
Una oveja que necesita de otra para salir del rebaño 189
Oveja anciana 190
Grito de una oveja descarriada 191

II. HIJOS (1991)

HIJOS

Travesía 197
Chacao 198
Lacao 199
Doña Sebastiana I 200
Doña Sebastiana II 201
Doña Sebastiana III 202
Lacao 203
Caucahué 204
Quinchao 205
Llingua 206
Chequetén 207

BUTACHAUQUES

Aucar 211
Mechuque 212

Añihué 213
Butachauques 214
Aulin 215
Añihué 216
Tac 217
Cheniao 218
Caguach 219
Teuquelín 220
Apiao 221
Chaulinec 222
Linlin 223
Meulín 224
Quenac 225
Alao 226
Nayahué 227
Chaulín 228
Acui 229
Tranqui 230
Chelín 231
Quehue 232
Puqueldón 233
Voigue 234
Metalqui 235
Lemuy 236
Metalqui 237

Islas desertores

Chuit 241
No se crían hijos para verlos morir 242

III. Ratada (2005)

Mi madre dice 245
(En esas playas) 247
(Huele a esencias) 248

(Nada les ilumina más) 249
(Ay su bisturí) 250
(Rumor de carnicería) 251
(Al olor de la desgracia) 252
(Pendones del deseo) 253
(Riegan sus dalias gigantes) 254
(Su botón) 255
(La fuerza del viento) 256
(Hazañas y carreteras) 257
(Finos cuchillos) 258
(De espaldas al pueblo) 259
(Hinchados de bienestar) 260
(Flamean trapos azules) 261
(Altares de la memoria) 262
(Entregados a la fatalidad) 263
(Se encabrita el miedo) 264
(Angelito volador) 265
(Se triza el mundo conocido) 266
(Vinieron a rematar las ratas) 267
(El diente filoso de la rata) 268
(Angustia que gotea) 269
(Tan enorme plaga) 270
(Cuánto enloquece tu sabor) 271
(A la hora del juicio) 272
(Y sobrevino el olvido) 273
(Un tiempo que se acaba) 274
(Mordidas en el borde de la hoja) 275
(Señales inútiles ahora) 276
(El avión en llamas) 277
(Vence la pequeñez) 278
(Tal vez otras ciudades) 279
(Hasta las ratas huyen) 280

IV. Veteranos (inédito)

He aquí el cuerpo. 285
Desaparecen   ya no dan pelea 286

Asumo la decrepitud con estoicismo, dice 287
El veterano tiene la palabra. 288
No quiero ser mayor, dice el hijo 289
Uno esperaría entrechocar de nubes 290
Desconyuntado 291
Vencidos ante el canto de sirenas 292
Dejé mi cuerpo detrás de mí. 293
Pequeñas bolsas   capullos 294
El veterano devela su propio territorio 295
Ahí están los veteranos con los dedos 296
La serie de veteranos se ubica en las tardes 297
Y sí, se reconocen las frases absurdas 298
Le estalló la rodilla   una fractura estrella. 299
Dejadme pequeñas bestias de la obligación 300
donamos días   fuimos bellos   creímos 301
Se cae la empalizada 302
¿Cómo huele tu abuelo? 303
Me adelantó un muñón luego el otro. 304
Vas dejando como un reguero 305
Notas cuando empiezas a sobrar 306
Tos en la noche. 307
El padre enciende la luz hasta entrada la noche 308
Y ahora no hallo reposo. 309
No el arrepentimiento por los excesos, no. 310
Ah no quise un báculo de mariscal. 311
Ante la casa cuelgan animales carneados. 312

Nota del editor 313